FRANZISKA SCHNEIDER-STOTZER

Von Advent, Weihnachten und Dreikönigsfest

FRANZISKA SCHNEIDER-STOTZER

Von Advent, Weihnachten und Dreikönigsfest

Winter
Feste und Bräuche
im Jahreskreis

rex verlag luzern

IMPRESSUM

Bibliografische Information Der Deutschen Bibliothek Die Deutsche Bibliothek verzeichnet diese Publikation in der deutschen Nationalbibliografie; detaillierte bibliografische Angaben sind im Internet über http://dnb.ddb.de abrufbar.

2. Auflage 2005
© 2001 by rex verlag luzern

Graphik, Titelbild und Illustrationen:
Madeleine Marti, Kriens
Satz Lieder: Titus Bürgisser-Stalder, Emmen
Fotos: Seiten 37, 43, 48, 61, 81, 133
Roger Glauser, Büren a. A.
Fotos: Seiten 12, 31, 34, 40, 63, 67, 83, 92, 93, 101, 108, 124, 135, 137, 138, 145
Franziska Schneider-Stotzer
Lithos: Express Design & Publishing AG, Kriens
Gesamtherstellung: Proost, Turnhout
ISBN 3-7252-0707-0
ISBN 978-3-7252-0707-7

Alle nicht bezeichneten Gedichte, Gebete usw. sind von der Autorin.

Vergriffene Bücher (Literaturhinweise) sind eventuell unter www.zvab.com (Buchantiquariat) erhältlich.

EINLEITUNG

Kopf
Inhalte, Ursprünge und Wandel von Festen, Feiertagen und Bräuchen

Herz
Eine Fülle von Geschichten, Gedichten, Liedern, Spielen und Ritualen

Hand
Mit vielen Gestaltungsvorschlägen, Bastelanleitungen und Rezepten

INHALT

Vorwort   9

Einführung   10

Adventszeit   17
Wartezeit bis zur Ankunft Christi (von lat. adventus = Ankunft); vier Wochen bzw. vier Adventssonntage vor Weihnachten

Nikolaus   57
6. Dezember: Festtag zum Andenken an Bischof Nikolaus, Wohltäter und Retter aus der Not

Lucia   77
13. Dezember: Festtag zu Ehren der Lichtträgerin Lucia, welche die Dunkelheit erhellt

Weihnachtszeit   91
(24. Dezember bis 6. Januar)
24. Dezember, Heiligabend
25. Dezember, Weihnachten: Geburtsfest Jesu Christi
Die 12 heiligen Nächte
31. Dezember, Silvester
1. Januar, Neujahr: Jahreswechsel

Dreikönigsfest   119
6. Januar: Festtag der Weisen aus dem Morgenland, welche Jesus aufgesucht und beschenkt haben

Biblische Figuren   135
Anleitung zum Herstellen von beweglichen Figuren zu den Jahresfesten

VORWORT

Der Lauf eines Jahres gleicht dem Zyklus des menschlichen Lebens: Die Kindheit entspricht dem Frühling, die Lebensblütezeit dem Sommer, die Reifezeit und das Alter dem Herbst, das Sterben sowie die Vorbereitung und Geburt des neuen Lebens dem Winter. Werden und Vergehen berühren Sinn- und Kernfragen über das Woher und Wohin der Existenz von uns Menschen. Im christlichen Jahresfestkreis spiegelt sich somit das ganze göttliche Heilsangebot: Die Geburt des Weltenlichts in der dunkelsten Zeit des Jahres an Weihnachten; das neue irdische und geistige Leben (Auferstehung) an Ostern, wenn auch die Natur wieder erwacht; die befruchtende Lebens- und Geistesfülle an Pfingsten und Mittsommer; die Freude und das Feiern der äusseren und inneren Früchte zum Erntedankfest, aber auch das kritische Abwägen und Beurteilen der Lebensernte zu Michaeli; und schliesslich das Sterben und Ruhen vor der neuen Lebensphase.

Parallel dazu finden sich im Kirchenjahr die Erinnerungs- und Gedenktage an Menschen, welche ihrer vorbildlichen Christusnachfolge wegen als Heilige verehrt werden. Die jeweiligen Festinhalte entsprechen stimmig dem wechselnden Naturgeschehen und verdeutlichen als äussere Gestaltung, was innerlich an Erkenntnissen wachsen will. Dies wird ganz besonders deutlich im Naturgeschehen des Winters, wo äusserlich scheinbar alles tot ist, sich aber gleichzeitig im Erdinnern und im Himmel das neue Leben vorbereitet.

Feste und Feiertage sind dazu angelegt, dass wir uns immer wieder neu mit Erkenntnis- und Sinnfragen auseinander setzen. Im Feiern des lebendigen Brauchtums, durch Rituale, Bilder, Symbole, Geschichten, Lieder, Gestaltungsarbeiten können wir den transzendenten Sinn verdeutlichen und den Jahreskreis mit allen Sinnen freudig erlebbar machen.

EINFÜHRUNG

Weihnachten – eine sinnlich-besinnliche Zeit

»Ehre sei Gott in den Höhen und Friede auf Erden unter den Menschen, an denen Gott Wohlgefallen hat.«

(Lk 2,14)

Während draussen in der Natur alles schläft und ruht, haben unsere Sinne in den Häusern Festzeit: Hier wird gebacken, gebastelt, gewerkt, beduftet, gesungen, verpackt, geschrieben, geschmückt ...
Die Vorweihnachtszeit wird deshalb von einigen Menschen als der Höhepunkt im Jahresfestkreis erlebt, für andere ist sie eine der schwierigsten und stressreichsten Zeiten – für manche ist sie beides. Durch eine sinnvoll gestaltete Adventszeit können wir uns auf Weihnachten einstimmen und uns nicht durch die vielen Back- und Bastelaktivitäten erdrücken lassen. All unsere schönen Tätigkeiten wollen noch genossen sein und sollen nicht die Hauptperson Jesus verdrängen, auf dessen Geburtstagsfest wir uns vorbereiten – äusserlich und auch innerlich. Dazu braucht es Momente der Besinnung, des Durchatmens, der Ruhe, der Stille und Feierlichkeit, der Zuwendung zu unseren Mitmenschen, damit der verkündete Friede sich auch wirklich einstellen kann. Um diesen sinnlichen und besinnlichen Anliegen Rechnung zu tragen, steht uns eine reichliche Palette von Festgestaltungselementen zur Verfügung.

Der Jahreszeiten-Tisch

Damit bezeichnen wir denjenigen Platz in unserer Lebensumgebung, den wir freihalten zum Schmücken und Gestalten. Zu den jeweiligen Festen und Gedenktagen bestücken wir ihn mit dem, was die Natur uns dazu schenkt. Farbige Tücher (passend zu Monaten/Jahreszeiten/Festen, im Sommer-Band dieser Reihe, S. 61), Bastelarbeiten, Pflanzen, Wurzeln, Steine, Kerzen, Gegenstände mit Symbolcharakter, Figuren und Bilder gehören dazu. Letztere können z. B. an einer Pinwand, Magnettafel oder einem Stück weiss gestrichenem Weichpavatex befestigt werden. Bilder zu biblischen Geschichten, Legenden, Natur, Sternzeichen, Sinnbildern u. a. finden wir in Kalendern, Kunstbüchern und auf Kunstpostkarten, die wir bei Bedarf farbig kopieren und vergrössern. Es ist vorteilhaft eine Sammelmappe anzulegen, damit die benötigten Bilder stets greifbar sind.

Figuren

Figuren sind Nachbildungen von Menschen oder Tieren in einer kleinen, überschaubaren, be-greifbaren Form. Man kann sich mit ihnen im wahrsten Wortsinn »ins Bild setzen«, mitten drin sein. Dreidimensionale Figuren sind ein ausgezeichnetes Mittel zum Inszenieren und Interagieren (= untereinander tätig werden) von biblischen Geschichten und Legenden. Deren Inhalte und Handlungen werden dabei für Erwachsene und Kinder anschaulich und nachvollziehbar.

Eine Anleitung zum Herstellen von beweglichen Figuren (aus Sisaldraht mit Bleifüssen) findet sich als eigenes Kapitel am Schluss des Buches.
Parallel dazu lassen sich Figuren und Tiere gestalten: aus Holz (einen hölzernen Kochlöffel mit einem Gesicht bemalen und einen Lappen als Kleid umbinden), Wurzeln, Steinen, Lehm, Kinderknete, Draht, Stoff (z. B. einen Fausthandschuh mit Knopfaugen versehen und mit einem Gesicht besticken), Filz (Figuren-Umrisse doppelt schneiden, zusammennähen, unten eine Öffnung lassen zum Stopfen oder Reinschlüpfen), Wolle (z. B. gestrickte Fingerpuppen), Wachs (Anleitung im Kapitel Advent), Flaschenkork und WC-Papierrollen (Anleitung im Kapitel Lucia), Papier und Karton.

Beispiele für spontane Figurenspiele mit fast keinem Material:

– Zündholzschachtel-Hülle mit einem Gesicht bemalen und über zwei Finger schieben.

– Runde Käseschachteln oder Kartonteller mit Gesichtern bemalen und auf der Rückseite einen Stab befestigen für ein improvisiertes Puppentheater.

– Eine grosse Kartonschachtel oder Papiertragetasche, welche über einen Kinderkopf passt, bemalen, Augenlöcher ausschneiden und in eine Rolle schlüpfen. Haare jeweils aus Wollfäden, Filz, gekräuselten Geschenksbändern, Papierstreifen oder Fellreste befestigen.

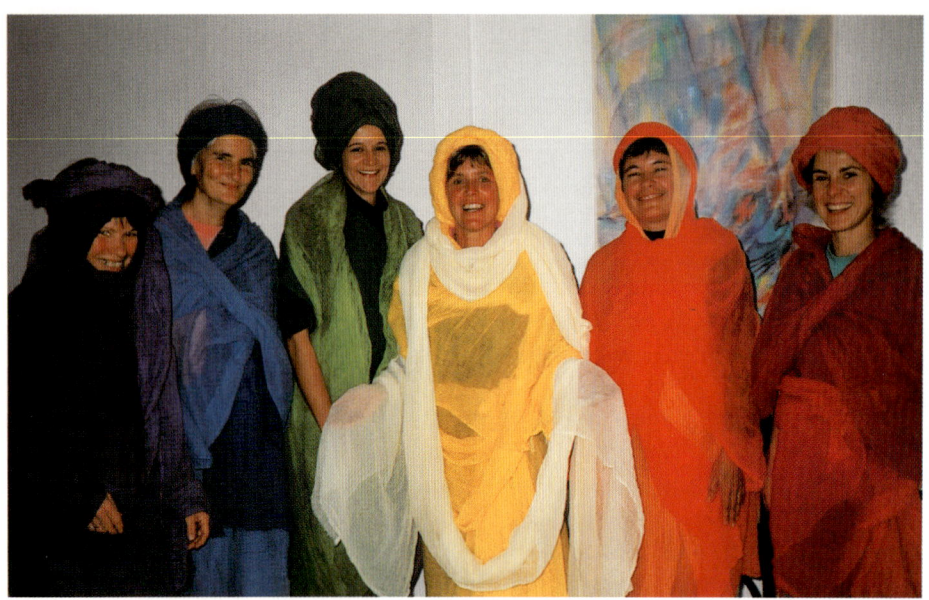

Farbige Gazetücher

Mit Hilfe von gefärbten Gazetüchern dekorieren wir Tische, schmücken Fenster, gestalten den Jahreszeiten-Tisch, zaubern Festräume, Märchenzelte (z. B. einen winterlichen Eispalast) und Himmelbetten. So sind wir in der Lage, die Farb-Stimmung in einem Raum binnen kürzester Zeit zu verwandeln. Ausserdem eignen sich die Tücher wunderbar zum Spielen, Tanzen und Verkleiden (z. B. für die bunten Turbane der drei Könige, den blauen Mantel der Maria, die braunen Hirtengewänder). Das Material ist preisgünstig, grossflächig und beliebig verformbar (raffen, drapieren, spannen, aufhängen, wickeln, einrollen, flechten, knoten). Naturtöne eignen sich bestens zum Gestalten von Landschaften (Hinter- und Untergründe) zu den beweglichen biblischen Figuren.

Tipp: Zum Befestigen der Tücher an Wänden, Fensterrahmen, Möbeln usw., dienen kleine Stücke (2 x 2 cm) von selbstklebendem Klettband, welche an die Aufhängestellen geklebt werden. Die grobfädige Gaze wird einfach an den Klettbandteil angedrückt und bleibt an den winzigen Widerhaken hängen. Auf diese Weise vermeidet man Nagellöcher; Einrichtungen bleiben unbeschädigt, das Band kann nach Gebrauch einfach wieder abgelöst werden. Bezugsquellen für weisse und farbige Gaze in der Schweiz sind bei der Autorin zu erfahren, Tel. 0041 (0)32 351 18 09.

Musik, Tanz und Festkleider

Zu keiner anderen Zeit im Jahr wird so viel musiziert und gesungen wie zur Weihnachtszeit. In den nordischen Ländern tanzt man sogar um den Christbaum und gibt der überschäumenden Festfreude somit einen leibhaftigen Ausdruck.

Feste heben sich meist auch durch besonders schöne Kleidung und Schmuck vom Alltag ab. Nach altem Brauch werden gewisse Kostüme oder Trachten nur zu bestimmten Anlässen getragen.

Düfte, Speisen und Getränke

Spätestens wenn die ersten vertrauten Festdüfte durchs Haus ziehen, es wieder nach Adventstee riecht, nach Orangenmarmelade (die es vielleicht jedes Jahr nur im Dezember gibt), selbst gebackenen Plätzchen, Lebkuchengewürz, dem kostbaren Bienenwachs und beim Binden des Kranzes nach frischem Tannengrün, dann kommt zauberhafte Feststimmung auf. Sie ergreift uns jedes Jahr neu. Duft, Erinnerung und Emotion sind auf besondere Weise im Gehirn miteinander verknüpft, sodass beim Wiedererkennen von Düften auch die damit verbundenen Bilder und Gefühle ausgelöst werden.

Erzählen, Gestalten und Spielen

Eine reiche Palette an wunderschönen Erzählungen und Legenden steht uns zur Verfügung, keine andere Festzeit bietet so viele überlieferte und zeitgenössische Texte. Im inhaltlichen Zentrum steht die bekannte biblische Weihnachtsgeschichte. Ganz stimmungsvoll werden die Erzählrunden, wenn wir dafür extra eine Kuschelecke einrichten, ausgestattet mit einem besonderen Überwurf über dem Sofa oder einem Fell am Boden, mit weichen Kissen, einer Decke zum Zudecken und einer speziellen Märchenlaterne, die warmes Licht verströmt. Was wir in einem solchen Ambiente gehört haben, wollen wir auch verinnerlichen, damit es zu einem bleibenden Schatz wird, der uns ins Leben hinaus begleiten kann. Das geschieht, indem wir es nicht beim blossen Vorlesen belassen, sondern die Inhalte und Sinnbilder gestaltend und spielend begreifen. Be-greifen, das bedeutet, wörtlich genommen, etwas in die Hand nehmen und handeln, selbst aktiv werden, z. B. durch malen, basteln, Theater improvisieren, Natur erleben, singen, tanzen ...

Rituale und Gebete

Die einfachen wiederkehrenden Rituale wie z. B. das Zähneputzen, der Abschiedskuss am Morgen, das Händeschütteln der Lehrerin oder einfach die abendliche Gutenachtgeschichte vermitteln Orientierung und Geborgenheit im täglichen Leben.

Ähnlich verhält es sich mit den besonderen Ritualen zu Festen und Feiern, welche uns geistigen Halt und Vertrauen in die göttliche Nähe schenken. Im Idealfall verbinden und ergänzen sich die beiden Formen im Alltag und während der Festzeiten zu einem harmonischen Ganzen. Das wiederkehrende Gutenachtlied mit den vertrauten Weihnachtsliedern, das einfache Abendgebet[1] durch eine ausführlichere Meditation oder besinnliches Staunen, der Tagesrückblick zum Schulschluss oder vor dem Zubettgehen kann mit dem grösseren Rückblick im Lebensbuch des St. Nikolaus verknüpft sein. Alle diese festen und stets wiederkehrenden Einrichtungen dienen letztlich dazu, uns immer von neuem an unseren göttlichen Ursprung und unsere eigentliche menschliche Bestimmung zu erinnern: Friede in unseren Herzen, mit unseren Mitmenschen, auf der ganzen Erde zu unserem eigenen und Gottes Wohlgefallen. In dieser Weihnachtsbotschaft ist eine zentrale menschliche Sehnsucht in eine hoffnungsvolle Zusage verdichtet. Durch eine sorgfältige und liebevoll gepflegte religiöse Familienkultur (oder Schulkultur) tragen wir wesentlich zur Erfüllung dieses göttlichen und menschlichen Heilziels bei.

Nachfolgender Kanon eignet sich besonders zum Einstieg und Ausklang einer Schweige- oder Staune-Meditation.

---

[1] Vorformulierte Gebete und geeignete Morgen- oder Abendlieder finden sich im Herbstband dieser Reihe in den Kapiteln Elemente der Festgestaltung und zum Schutzengelfest.

Schweige und höre/Loose und schwiige

Schwei - ge und hö - re, nei - ge dei - nes Her - zens Ohr. Su - che den Frie - den!
Loo - se und schwii - ge, schtuu - ne sich wie - ge, gschpüü - re dr Frii - de.

Zum Singen sanft hin und her wiegen.

Text Hochdeutsch: Michael Hermes nach der
Benediktsregel, 1979.
Text Mundart: Franziska Schneider-Stotzer.
Melodie: aus England, nach Terrye Coelho, 1972
© bei den Autoren.

ADVENTSZEIT

Advent
(Werner Tolksdorf)

Einführung

Advent – Zeit der Erwartung

Mit Advent bezeichnen wir die Wartezeit bis zur Ankunft Christi (von lat. adventus = Ankunft), welche die 4 Wochen, bzw. die 4 Adventssonntage vor Weihnachten umfasst.

Wir können diese vierwöchige Wartezeit als sinnbildliche Entsprechung zu den langen Jahrhunderten verstehen, während derer das Volk Israel auf das Kommen des verheissenen Erlösers wartete. Immer wieder standen Propheten auf und redeten in verschiedenen Bildern von dem Messias, den Gott senden werde.

1300 v. Chr. kündete Bileam von dem »Stern«, der aus dem Geschlecht Jakobs aufgehen werde. Später sprach man vom »Sohn Davids«, der dessen Königreich wieder aufrichten werde. In seinen Visionen schaute Daniel den »Menschensohn« aus den Wolken des Himmels kommend. Jesaja erzählte von der Geburt des »Friedefürsten«, dem »Bundesmittler«, aber auch von dem »leidenden Gottesknecht«, der sein Leben hingebe zur Überwindung der Sünde und des Todes. Maleachi verkündete die Wiederkunft des Propheten Elia, vor dem Auftreten des »Bundesengels«, nach dem sich das Volk sehne.

Die Wartezeit der alttestamentlichen Menschen war geprägt von Nöten, Kriegen und Unterdrückung durch fremde Herrscher. Hoffnung und Erwartung auf Rettung und Befreiung erfüllten die bedrängte Bevölkerung besonders zur Zeit um Jesu Geburt auf Grund der römischen Fremdherrschaft und der damit verbundenen Steuerlasten. Die Menschen erwarteten deshalb in erster Linie eine Befreiung von weltlichen Nöten und das Wiederaufrichten des Königreichs Davids. Christus hingegen strebte keine irdische Herrschaft an, sondern verwies auf seine geistige Autorität/Königtum/Gottessohnschaft und machte deutlich, dass seine Sendung die Erlösung und den neuen Gottesbund betreffe: »Mein Reich ist nicht von dieser Welt.« (Joh 18,36. vgl. auch Mk 8,31-38; 10,45; 14,24-26; 15,2 und Mt 11,27) Christus hat das Tor aufgestossen zur Befreiung der Menschheit aus dem Bann des Todes und des Totenreiches, für das Erbrecht auf den Himmel, die Rückverbindung mit dem Reich Gottes. Näheres dazu im Frühlingsband dieser Reihe im Kapitel Ostersamstag.

Unsere heutige Wartezeit ist – mit Blick auf die Vergangenheit und die bereits erfolgte Erlösung – eine Zeit der Freude, der fröhlichen Erwartung, des gegenseitig sich Beglückens. Wir freuen uns darauf, das Geburtstagsfest unseres Retters und Vorbilds feiern zu dürfen. Jetzt geht es darum, ihn in unserem Herzen lebendig werden zu lassen, damit wirksam werden kann, was er als Impuls in die Welt gebracht hat.

»Wird Christus tausendmal in Bethlehem geboren und nicht in dir, du bleibst noch ewiglich verloren.« (Angelus Silesius)
Es liegt nun an uns Menschen, den vorgezeigten Weg zu beschreiten, Liebe und Frieden zu verbreiten und das Reich Gottes auch auf Erden verwirklichen zu helfen. »Dein Reich komme ... dein Wille geschehe, wie im Himmel, so auf Erden«, so beten wir im »Unser Vater«.

Historisches

Die Weihnachtszeit begann früher bereits am 11. November, am Martinstag. Ähnlich wie vor Ostern ging dem Fest seit dem 6. Jh. eine 40-tägige Fastenzeit voraus, die die griechische Kirche heute noch kennt. (Das närrische Treiben und der offizielle Fastnachtsauftakt am 11.11. um 11 Uhr 11 bilden die Parallele zur Fastnacht vor der österlichen Fastenzeit.) Die Menschen sollten sich in einer stillen, besinnlichen Zeit auf das Kommen Christi vorbereiten. Die Adventszeit verkürzte sich im Lauf der Jahrhunderte an verschiedenen Orten auf 4 Wochen (z. B. 826 durch die Kirchenversammlung von Aachen), wurde jedoch erst im 16. Jh. gesamtkirchlich für diese Dauer vorgeschrieben, vgl. in den Liturgiebüchern, die dem Konzil von Trient folgten.

Jahressonntag = 11. Nov. - 6. Jan.
Teilt man ein Jahr in 7 »Wochentage«, entspricht 1/7 ungefähr der winterlichen Brachzeit/Ruhezeit zwischen dem 11. November, mit dem früher die Weihnachtszeit begonnen hat und dem 6. Januar, mit dem sie abgeschlossen wird. In dieser heiligen, festlichen Jahreszeit sind viele Menschen offener für besinnliche und religiöse Erfahrungen – Sonntagserfahrungen eben.

Adventsfasten

Je mehr in der Aussenwelt alles Leben scheinbar erstirbt, desto kahler, leerer und stiller wird es. Wenn sich dann noch eine weisse Schneedecke über das Land legt, dann haben unsere Sinne Fastenzeit. Die Farben sind verschwunden, ebenso die sinnlichen Sommer- und Herbstdüfte und die Stille draussen auf dem Land wird nur selten von einem Geräusch, einem Tierlaut unterbrochen. Im Inneren der Erde jedoch bereitet sich schon das Leben zur Wiedergeburt im Frühling vor. Im übertragenen Sinn kann dies auch für uns gelten: Wir wenden uns unserem Innenleben zu, können uns öffnen für Eindrücke, die ausserhalb unserer Sinneserfahrungen liegen, inner-seelischen und über-sinnlichen Anregungen. So wie wir uns in der Winterzeit vermehrt nach innen wenden, ruhen und neue Kräfte sammeln für den Frühling, tun wir dies auch während des Schlafs für den kommenden Tag. Infolge des künstlichen Lichts und der modernen Heizungen wurden die ursprünglich naturgegebenen, bäuerlichen Arbeitsabläufe, bei denen im Winter viel weniger gearbeitet werden musste, stark verändert. Wir kommen nicht mehr von selbst zu unserer Seelen-Ruhe. Wir müssen die Ruhe-Oasen bewusst erschaffen. Da gerade die Adventszeit mit vielen zusätzlichen Pflichten und Freuden erfüllt ist, wird es besonders schwierig, der Betriebsamkeit des Alltags zu entfliehen. Fasten als Be-Sinn-ung könnte für uns heissen, der Stille, aber auch dem besinnlichen Zusammensein mehr Raum zu geben. Wir wollen uns bewusst Zeit nehmen für alles, was Herz und Gemüt erfreut, statt gehetzt der Zeit hinterherzurennen und tausend Dinge möglichst effizient und gleichzeitig zu erledigen. Grundsätzlich gilt: Alles, was nicht unbedingt im Dezember getan werden muss, können wir verschieben. So ergeben sich Leerräume für Ruhephasen oder für spontane Aktivitäten wie Basteln, Singen, Musizieren, ein Konzert besuchen oder einem kranken Menschen Aufmerksamkeit und Zeit schenken.

Tipps für eine stressfreie und besinnliche Vorweihnachtszeit:

– **Adventszeit** im November einläuten, z. B. am Martinstag mit dem ersten Adventstee. Dekomaterial und Krippenfiguren hervorholen und sanft mit dem Schmücken der Wohnung beginnen. Es muss nicht alles am ersten Advent perfekt gestaltet sein, denn dadurch berauben wir uns und die Kinder um die sich steigernde Vorfreude auf Weihnachten hin.

– Aufwändige **Bastelarbeiten** (Geschenke, Adventskalender, Schmuck) rechtzeitig planen und gestalten, vielleicht sogar einen Nachmittag oder Abend pro Woche dafür reservieren.

– An Stelle von selbst hergestellten oder teuren Geschenken zu Weihnachten kann auf Anfang Advent eine **Überraschung** versandt werden: ein hübsch verzierter Weihnachtsbrief für alle (mit einer Familienchronik des Jahres, einer Kinderzeichnung, einem Gedicht). Gut geeignet ist auch ein kleiner Tannenzweig mit bunter Schleife und Glöckchen (Anleitung S. 42). So bleibt der Dezember frei von diesen zusätzlichen Verpflichtungen.

– **Geschenkswünsche frühzeitig abklären**, die Einkäufe an einem Tag erledigen und in Ruhe einkaufen, evtl. Babysitter organisieren oder Artikel zusenden lassen. Während des Jahres eine geheime Wunschliste führen und bei passender Gelegenheit kleinere Geschenksvorräte anlegen.

– **Unter Erwachsenen auf den obligatorischen Geschenkszwang verzichten**, aber Freiräume für unerwartete Überraschungen und kleine Freuden offen lassen. Das damit eingesparte Geld könnte mittellosen Menschen (z. B. einer Flüchtlingsfamilie) oder einem Hilfswerk überwiesen werden. In manchen Familien und Schulen steht dafür eine Sammelkasse bereit.

– **Agenda mit »Leerräumen« bestücken**, so bleibt Zeit für spontane Begegnungen und Bastelarbeiten. Die Besuche aller Paten und Patinnen zusammenlegen, z. B am Martinstag, einem gemütlichen Adventssonntag oder am Dreikönigsfest als Abschluss der Weihnachtszeit.

– **Weniger ist mehr**: Lieber nur eine oder zwei Sorten Kekse backen, dafür in Ruhe, bei Kerzenlicht, mit Adventstee, duftenden Tannenzweigen und fröhlichen Liedern.

– **Den Fernseh-Apparat** für diese Zeit auf den Estrich oder in ein entlegenes Zimmer verbannen.

– **Am Morgen** den Wecker einige Minuten früher stellen: So können wir langsam in den Tag gleiten, uns räkeln und strecken und vielleicht auch danken für das gesunde Erwachen in einer warmen Wohnung, einem friedlichen Land mit genügend Nahrung für alle ... anschliessend eine Kerze entzünden, vielleicht schon im Badezimmer, aber sicher auf dem Frühstückstisch. Tannenzweiglein mit etwas Abstand über eine Kerze halten und so Weihnachtsduft herbeizaubern (Beschreibung im Abschnitt Düfte). Beim Essen erzählen wir einander, wie wir

geschlafen und was wir geträumt haben (Näheres dazu im Abschnitt Träume).
So können wir uns schon zu Beginn des Tages adventlich und friedlich einstimmen.

– **Im Lauf des Tages kurze Momente der Entspannung einplanen** oder sich spontan Zeit dafür nehmen: sich nach dem Mittag hinlegen (schlafen oder in einem schönen Buch lesen), aus dem Fenster träumen und Naturschönheiten bewundern, die Lieblingsmusik hören, ein Bad nehmen, ein schönes Bild bewundern, eine Tasse Tee mit einer besonderen Süssigkeit geniessen, ... und wenn es ganz kurz sein muss: tief einatmen, beim Ausatmen den Körper vornüber beugen, dabei Arme und Beine schütteln, den Stress abschütteln. Den Kindern erklären wir, dass diese kurze Zeit nur einem selbst gehöre, in der man möglichst nicht gestört werden möchte, nach dieser kurzen Pause sei man wieder voll und ganz für sie da.

– **Am Abend gemeinsam** bei den Krippenfiguren, am Tisch beim Adventskranz oder bei Kerzenlicht **zusammensitzen** und singen, Geschichten vorlesen, schöne Musik hören und spielen (Vorlesebücher und Instrumente bereitlegen, Liednoten evtl. vervielfältigen) oder einfach nur staunen, träumen, ruhen. Diese Familienzeit prägt Kindheitserinnerungen mit wohlig-weihnächtlicher Geborgenheit, auf deren Wirkung noch Erwachsene zurückgreifen können.

– **Keine arbeitsaufwändigen Festessen planen**. In manchen Familien hat sich der Brauch eingebürgert, gleichbleibende Menüs zu kochen, z. B. am Heiligabend immer eine traditionelle Suppe mit einem schmackhaften Kernenbrot.
Wenn es uns gelingt, von Zeit zu Zeit aus dem adventlichen »Ich-hab-noch-so-viel-zu-erledigen-Druck« auszubrechen und stattdessen zu verweilen, zu staunen, zu horchen ... dann kann sich jene zauberhafte Weihnachtsstimmung einstellen, die mit den beglückendsten (Kindheits)-Erinnerungen verbunden ist. Theodor Storm beschreibt sie in seinem

Weihnachtslied

Vom Himmel in die tiefsten Klüfte
ein milder Stern herniederlacht;
vom Tannenwalde steigen Düfte
und hauchen durch die Winterlüfte
und kerzenhelle wird die Nacht.

Mir ist das Herz so froh erschrocken,
das ist die liebe Weihnachtszeit!
Ich höre fernher Kirchenglocken
mich lieblich heimatlich verlocken
in märchenstiller Herrlichkeit.

Ein frommer Zauber hält mich wieder,
anbetend, staunend muss ich stehn;
es sinkt auf meine Augenlider
ein goldner Kindertraum hernieder,
ich fühl's, ein Wunder ist geschehn.
                                    THEODOR STORM

Leitmotiv

Einstimmen – Vorfreude

In der Adventszeit sind viele Menschen offener für religiöse und besinnliche Erfahrungen als zu anderen Zeiten im Jahr. Sie stimmen sich ein auf die Menschwerdung Christi und sind bereit, ihn bei sich einzulassen. Die Adventszeit lebt von der sich steigernden Vorfreude auf das Fest der Geburt Jesu.

Sinnbilder

Der Adventskranz

Ein Kreis ohne Anfang und Ende ist ein Bild der All-Verbundenheit, des Ewigen, des Umfassenden. Der Kranz hat eine Mitte, um die sich alles dreht, die göttliche Mitte. Ein Kranz kann wie eine Krone aufgesetzt werden: dem Sieger, der Braut, dem (Christ-)König. Kränze, auch Lichtkränze, waren und sind Bestandteil verschiedenster Feste und Bräuche (Mittsommerkranz, Erntedank-Kranz, Luciakranz, Grabkranz zur Ehre der Verstorbenen).
Unser Adventskranz ist in dieser Form noch nicht sehr alt und geht zeitlich auf die Mitte des 19. Jh. (1833) zurück.
Um den Kindern seiner Erziehungsanstalt eine Freude zu bereiten, entzündete Pastor und Waisenhausvater Johann Heinrich Wichern jeden Abend im Advent eine Kerze mehr, an den Sonntagen jeweils eine grössere, bis am Heiligabend endlich 24 Lichter brannten.
Die Kerzen steckten auf einem hölzernen, mit Tannenzweigen umkränzten Kronleuchter. Seine Idee wurde begeistert aufgenommen und verbreitete sich in ganz Mitteleuropa. Aus den 24 Kerzen wurden vier, für jeden Adventssonntag eine.

Die vier Kerzen

Die vier Kerzen, von denen an jedem Adventssonntag eine mehr angezündet wird, sind ein Bild des sich steigernden Weihnachtslichtes und damit der Freude, die im Lichterglanz am Christbaum ihren Höhepunkt findet. Man kann darin auch Sinnbilder für die vier Jahreszeiten oder die vier Naturreiche (Steine, Pflanzen, Tiere, Menschen) sehen. Jede Kerze hat dann eine andere Farbe.

Tannengrün

Tannengrün und andere immergrüne Pflanzen erinnern mit der Farbe der Hoffnung an das Leben, das draussen schläft, aber im Frühling, an Ostern wieder erwachen wird. Mit Jesus kommt die Hoffnung auf das neue Leben (Überwindung des Todes, Auferstehung) in die Welt.

Farben

An Stelle der satten Erdfarben tauchen zu den noch vorhandenen Rottönen des Herbstes geheimnisvolle Violett- und Blau-Klänge auf, welche an die Dämmerungsbläue des winterlichen Morgen- und Abendhimmels erinnern.
Wenn wir Gazetücher in diesen Farben aufhängen, unterstreichen angeheftete Papier-, Stroh- oder Goldfolien-Sterne die Weihnachtsstimmung.

Jahreszeiten-Tisch

Über dem Jahreszeiten-Tisch kann ein blaues Tuch die Wand bedecken. Daran befestigen wir jeden Tag einen Stern mehr, bis am 25. Dezember der Weihnachtsstern angeheftet wird. Auch ein Türchen-Adventskalender oder eine künstlerische Weihnachtsdarstellung mag über dem Tisch einen Platz finden. In der Familie oder Schule können wir den Brauch pflegen, dass in der Adventszeit morgens und abends auf dem Jahreszeiten-Tisch drei kleine Lichtlein brennen, welche die Ganzheit versinnbildlichen, die wir alle anstreben. Sie stehen für Kopf (Erkenntnis-Kräfte), Herz (Liebes-Kräfte) und Hand (Tat-Kräfte) oder für Gott, Christus und seine Engel (die heiligen Geister). Krippenfiguren erzählen hier die Weihnachtsgeschichte in wechselnden Szenen. Falls eine grössere Krippenlandschaft aufgebaut werden soll, muss ein anderer Platz dafür bestimmt werden.

Esstisch

Wir können den Beginn der Adventszeit durch ein äusseres Zeichen auf dem Esstisch oder Lehrerpult markieren, das uns über die ganze Festzeit bis am 6. Januar begleitet. Das kann ein goldenes Band sein, das sich über den Tisch zieht (oder zu Hause zu jedem Tischtuch passt), ein speziell für diese Zeit bestimmter Kerzenständer, oder die an der Beleuchtung befestigten, hängenden Engel oder Sterne, vielleicht ein mit Goldpapier überzogener Drehteller in der Mitte des Tisches ... Es kann sinnvoll sein, jedes Jahr dasselbe zu wiederholen, sodass die Kinder z. B. gleich wissen: Wenn der Drehteller wieder golden wird, dann beginnt die Adventszeit! Zu den Essenszeiten oder am Anfang der Schulstunde brennt immer eine Kerze auf dem Tisch. Das können bei besonderen Gelegenheiten mit Baumkerzen bestückte Mandarinen oder Äpfel sein. An den Advents-Sonntagen benützen wir vielleicht ein besonderes Tischtuch, das wiederum Erinnerungen an glanzvolle, frühere Sonntage hervorruft.

In manchen Familien gibt es bei Tisch in der Adventszeit spezielle Stoffservietten, in deren Innern jeweils eine kleine süsse Überraschung verborgen ist. Es könnte zusätzlich ein Sternbrief (Beschreibung S. 28/29) sein, in dem ein Gutschein steckt. Auch der Text-Abschnitt einer fortlaufenden Weihnachtsgeschichte, welche jeweils von demjenigen vorgelesen wird, in dessen Serviette das Brieflein steckt, eignet sich für dieses Ritual.

Düfte

Sie gehören zum Advent wie zu keiner anderen Festzeit. Wem sind sie nicht vertraut ... die Orangen-, Mandarinen-, Zimt-, Sternanis-, Pfeffer-, Muskat-, Nelken-, Bienenwachs-, Weisstannen-Düfte ... der Geruch frischen Buttergebäcks, gerösteter Nüsse, geschmolzener Schokolade? Beim Zubereiten des Adventstees duftet es herrlich in der ganzen Wohnung. Es ist schön, für die von der Schule nach Hause kommenden Kinder Adventstee zuzubereiten, sodass sie voller Freude in die duftende Weihnachtsstimmung zu Hause eintauchen können. In der Schule dürfen Kinder ihren Adventstee vielleicht selbst zubereiten und nach der grossen Pause (wenn sie draussen an der Kälte waren) gemeinsam geniessen. Weil nicht immer gebacken oder gekocht werden kann und es trotzdem gut riechen soll, bieten sich noch andere Duftquellen an:

– **Orangen, Zitronen und Äpfel dörren:** In 1/2 cm dicke Scheiben schneiden und auf einem Dörrapparat oder im Backofen bei ca. 70° C während 5-8 Stunden trocknen lassen (das Fruchtfleisch darf nicht mehr klebrig sein), den Backofen dabei leicht offen lassen, eine Holzkelle in die Tür einklemmen. Herrliche Düfte durchziehen den Raum und die gedörrten Fruchtscheiben lassen sich für dekorativen, duftenden Weihnachtsschmuck verwenden.

– In einer **Duftlampe** ätherische Öle in die mit Wasser gefüllte Schale geben (Weisstanne, Orange, Zimt, Nelken ...) und verdampfen lassen.

– **Tannenzweiglein** (Weisstanne) mit etwa 5 cm Abstand über eine brennende Kerze halten, ohne dass sie zu brennen beginnen. Durch die Hitze verdampfen die ätherischen Öle unter Zischen und Knacken und es riecht wie im Wald oder beim Kranzbinden. Idealer Zeitpunkt: Immer, wenn sich die Familie/die Schüler zum Essen-/zum Schulbeginn versammeln, aber auch am Abend bei der Gutenachtgeschichte.

– Eine **Nelken-Orange** herstellen: Die Orange ringsherum mit Nelken bestecken (z. B. Sternmuster) und an einem Stoffband dort aufhängen, wo wir uns am meisten aufhalten.

– **Duftende Zimtherzen:** 1/2 Tasse Apfelmus und 1/2 Tasse Zimtpulver vermischen, zwischen Klarsichtfolie auswallen, Herzen ausstechen, Loch zum Aufhängen bohren, trocknen lassen (nur Dekoration, zum Verzehr ungeeignet).

– **Duftgärtchen:** In eine flache Tonschale geben wir 1-2 cm grüne Trockensteckmasse. Diese bestecken/belegen wir mit Duftspendern aller Art wie Sternanis, Lorbeerblätter, Zimtstangen-Stückchen, Nelken, gedörrte Apfel- oder Orangenscheiben, Wacholderbeeren oder -zweige, Hagebutten usw. Die Lücken füllen wir mit Stücken von Bienenwaben oder Moos aus.

– **Duftende Zweige und Sträusse**: Gedörrte Orangen- und Apfelscheiben auf Draht aufreihen, Stücke von Zimtstangen und andere Objekte mit feinem Golddraht zusammenbinden und beides an Tannenzweige binden oder an dickem Draht in Blumensträusse stecken. Aus wabenförmig gepressten Bienenwachsplatten können wir Herzen und Sterne ausstechen und ebenfalls an die Zweige hängen.

– **Duftsterne**: aus Draht eine Sternform biegen. Hilfreich ist dabei ein kleines Holzbrettchen, in welchem die Ecken und Zacken der Sternform mit Nägeln markiert sind, um die man den Draht biegen kann. Dann mit gedörrten Orangenscheiben, Lorbeerblättern, Zimtstangen, Nelken oder anderen Duftspendern belegen und mit feinem Golddraht umwickeln. Es können auch Kartonsterne verziert werden. Diese jedoch vorgängig mit Goldfarbe bemalen oder mit Moos bestücken. Selbstverständlich können die Duftpäckchen auch ohne Sternunterlage hergestellt werden.

– **Duftvorhänge**: Die wohlriechenden Zutaten mit Golddraht abwechslungsweise an senkrecht hängende Schnüre binden.

Speise und Getränke

Adventstee
Pro Liter Wasser nimmt man 2 Beutel Lindenblüten-, 1 Beutel Hagebutten- und nach Belieben 1 Beutel Schwarztee (oder offener Tee, falls vorhanden), 1 Nelke, 1 Zimtstange, 1 Lorbeerblatt. Alles zusammen aufkochen, ziehen lassen, mit Rohzucker, Kandiszucker, Honig oder Birnendicksaft kräftig süssen und das Aroma nach Belieben mit Apfel-, Orangen- oder Zitronensaft (für Erwachsene etwas Rum) variieren. Lassen Sie die Kinder vor dem Zubereiten an den Zutaten riechen und etwas Zucker, Honig oder Birnendicksaft naschen!

Weihnachtskekse
Sie gehören zur Weihnachtszeit wie die Eier zum Osterfest. Oft wird mit dem Backen am letzten November-Sonntag, dem so genannten »süssen November-Sonntag« begonnen. Früher durfte jedoch das Gebäck erst in den Weihnachtstagen, ab dem 25. Dezember, gegessen werden. Die Menschen waren davon überzeugt, dass im Weihnachtsgebäck ein besonderer Segen verborgen sei; sogar den Tieren wurden die Kekse dem Futter beigemischt. Rezepte für traditionelle und neue Festtagskekse gibt es in Hülle und Fülle, weshalb an dieser Stelle auf Vorschläge verzichtet wird.

Tipps für BäckerInnen:
– Grosse Mengen backen, damit der Vorrat durch die ganze Adventszeit reicht. Eine Festportion einfrieren, damit über die Festtage nicht mehr gebacken werden muss.

– Mit kleinen Förmchen ergibt sich eine grössere Anzahl.

– Das Gebäck in dekorativen Blechdosen aufbewahren, die nur in dieser Zeit verwendet werden und die Kekse auf schönen Schmucktellern servieren.

– Vielleicht gibt es eine Sorte Gebäck jedes Jahr erst am Weihnachtstag – das macht diesen bestimmten Weihnachtskeks ganz besonders begehrenswert. Die Kinder können sich so auf etwas freuen, das nicht schon in der Adventszeit vorweggenommen wurde.

Zimtfladen

Dieser Zimtfladen ist rasch zubereitet, duftet herrlich und wird als süsser adventlicher Nachmittagsimbiss oder leichtes Abendessen mit Butter serviert. Da das Rezept viele Portionen ergibt (ca. 36 Stück), eignet sich der Fladen bestens zur Verpflegung von Gästen, z. B. bei Patenbesuchen.

900 g Mehl
700 g Zucker
1/2 KL Salz
50 g Schokoladepulver zusammenrühren
3 KL Zimt oder 2 EL Lebkuchengewürz
2 Beutel Backpulver
7 dl Milch
2,5 dl Rahm

Masse auf ein mit Backtrennpapier belegtes, grosses, quadratisches Blech streichen und ca. 30 Min bei 220° C backen. Nach dem Erkalten mit einem scharfen Messer in Stücke schneiden und am gleichen Tag geniessen.

Zimttoast

Wer Zimt ganz besonders mag, kann als adventliche Überraschung Zimttoasts zubereiten: Dünne Brotscheiben toasten, noch warm mit Butter und Melasse oder Birnendicksaft bestreichen und mit Zimt bepudern.

Adventskalender

Adventskalender führen uns jeden Tag ein Stück näher ans grosse Fest heran. Kleine Kinder, welche einen Zeitraum von 4 Wochen noch nicht überblicken können, erleben so die Dauer anschaulich, und ihre Vorfreude steigert sich von Tag zu Tag. Auch ältere Kinder und Erwachsene lassen sich gerne durch einen besonderen Adventskalender überraschen. Aus der grosse Fülle an Möglichkeiten hier einige Beispiele kurz vorgestellt:

Krippenlandschaft

Jeden Tag ein Teelicht mehr, Beschreibung siehe S. 50.

Beleuchtetes Adventsdorf

Dieser Kalender benötigt viel Platz und einen besonderen Ort. Die Häuser bestehen aus Kartonschachteln mit bunten Seidenpapierfenstern oder Backsteinen mit Löchern; aus ungebrannten Ziegeln können noch Dachformen etc. ausgeschnitten werden. Jeden Tag kommt ein Haus mehr dazu und wird mit einem Teelicht von der Rückseite her beleuchtet. Im Dunkeln leuchten die Häuser weihnachtlich und festlich.

Türchenkalender

Türchenkalender sind qualitativ sehr unterschiedlich. Es lohnt sich, auf Motive der Weihnachtsgeschichte zu achten. Künstlerisch und inhaltlich ansprechend gestaltete Adventskalender und Adventslaternen sind erhältlich im Raffael-Verlag, Talgut-Zentrum 19, CH-3063 Ittigen. Prospekt verlangen, Tel. 0041 (0)31 921 77 00.

Himmelsleiter

Auf einer selbst gezeichneten Landschaft mit Stall, Krippe, Hirten, Schafen und viel freiem Himmel werden in verschiedenen Abständen 24 Schlitze in das Papier geschnitten und mit Goldsternen markiert. Der Weg zieht sich in grossen Bogen über den ganzen Himmel (vorzüglich eignet sich ein hochformatiges Papier). In die vorbereiteten Schlitze steckt man das heruntersteigende Jesuskind (oder Maria mit dem Kind). Jeden Tag klettert es eine Stufe weiter hinunter, bis es am 24. Dezember unten in der Krippe zu liegen kommt. Ähnlich kann man eine Leiter mit 24 Sprossen aus Goldpapier schneiden oder aus Holz sägen und auf ein blaues, mit Goldsternen verziertes Papier kleben. Auf dieser Leiter steigt dann das Jesuskind (bei einer Holzleiter aus Knetwachs) jeden Tag eine Sprosse hinunter, bis es unten in die vorbereitete Krippe kommt (beim Knetwachs-Jesuskind z. B. eine halbe Baumnussschale, die mit Watte gepolstert ist).

Sternen-Tuch

Das Sternen-Tuch ist im Abschnitt Jahreszeiten-Tisch beschrieben. Zu jedem neuen Stern gibt es vielleicht eine kleine, weihnachtlich duftende Süssigkeit oder eine Geschichte.

– Ingeborg Pilgram-Brückner: Sternschnuppen vom Nikolaus, Mellinger Verlag, Stuttgart 2000. Adventsgeschichten mit kleinen Überraschungs-Vorschlägen.

Adventsgeschichten

Einige Kalender enthalten schon fertig zusammengestellte Weihnachtserzählungen. Bei manchen Kalendern können noch Bilder dazu ausgeschnitten, aufgeklebt oder bemalt werden.

– Rena Sack/Christa Unzer: Weihnachten in aller Welt, Ernst Kaufmann Verlag, Lahr 2002. Ein Adventskalender zum Vorlesen und Basteln mit einem Poster.

Streichholzschachteln

24 Streichholzschachteln wickeln wir in 24 verschiedene Geschenkspapier-Streifen, sodass das Innere der Schachtel noch herausgezogen werden kann. Mit Goldstift oder wasserfestem Filzstift werden darauf die Nummern 1-24 notiert. Die Schachteln füllen wir mit allerlei kleinen Überraschungen (Muscheln, Süssigkeit, Spitzer, Radiergummi, Puppenstuben-Zubehör, Goldsterne, Glöcklein, Klebebildchen, Ballon, Gutschein, Gedicht, Geldstück, usw.). Die Schachteln

können sternförmig auf einen goldenen Karton geklebt, in einem Korb arrangiert oder zu einer Geschenkskommode zusammengefügt werden.

Geschenkspäckchen

Wir können Geschenke an einer Schnur aufhängen oder am Adventskranz befestigen; sie können jeden Tag auf dem Frühstücksteller liegen oder am Abend unter dem Kopfkissen ...

Goldnüsse

Wir bemalen je zwei zusammengehörende Baumnuss-Hälften mit Goldbronze und kleben die 24 Nüsse beidseitig auf ein rotes oder violettes Band, das durch die Nuss-Mitte führt. Die Nüsse werden mit kleinsten Überraschungen gefüllt. Besonders gut eignen sich kleine Halbedelsteine, Kristallspitzen oder bunte Murmeln.

Stoffkalender

Wer gerne näht, entwirft vielleicht ein Weihnachtsbild (Engel, Winterwald, Nikolaus, Tannenbaum, Sternenhimmel) und appliziert dieses aus bunten Stoffen oder Filz auf eine passende feste Stoffunterlage. Dort sind Metallringe befestigt, an welche die gefüllten Stoffsäcklein gebunden werden. Ein solcher Kalender kann auch aus Fastnachtsstoff (z. B. violett mit goldenen Sternen, an denen die Metallringe befestigt werden) genäht werden, dann ohne Applikationen, aber mit vorbereiteten Stoffsäcklein zum Füllen. Vorteil des Stoffkalenders: Er kann jedes Jahr wieder gebraucht werden und ist ein treuer Begleiter durch die Kinderzeit. Das aufwändige Einpacken mit Geschenkpapier fällt weg.

Tipp für alle Geschenkskalender: Schachtel vorbereiten, in der während des ganzen Jahres kleine Überraschungen für den Adventskalender gesammelt werden. So entsteht kein Beschaffungs-Stress vor dem 1. Adventssonntag.

Wichteln

Wichtelmänner sind die kleinen, hilfreichen Zwerge, die im Verborgenen wirken. So wollen auch wir füreinander in der Weihnachtszeit unerkannte Wichtel spielen: Alle TeilnehmerInnen schreiben ihren Namen auf einen Zettel und falten diesen zusammen. Die Zettel werden gemischt und jedes darf einen ziehen (sollte jemand wieder seinen eigenen Namen ziehen, so muss nochmals gelost werden). Die gezogene Person begleiten wir nun durch die Weihnachtszeit und bereiten ihr allerlei kleine Überraschungen, wir helfen ihr, aber möglichst unbemerkt. Zum Beispiel legen wir ein Päckchen auf den Nachttisch, ins Schulpult oder etwas Leckeres in den Schulsack. Erst am Heiligabend wird verraten, wer wessen Wichtel war.

Sternbriefe

Aus gelbem Papier gleichseitige Dreiecke ausschneiden und Sternbriefe falten. Darin steht jeweils eine kleine Überraschung geschrieben (Gutschein für: Lieblingsdessert, Adventsgeschichte, Fussmassage, Schaufensterbummel, ...).

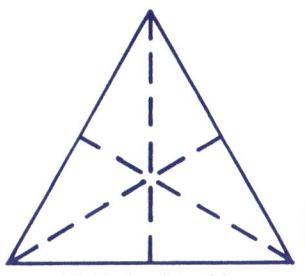
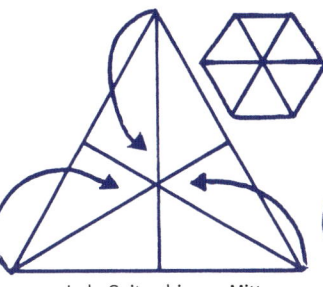
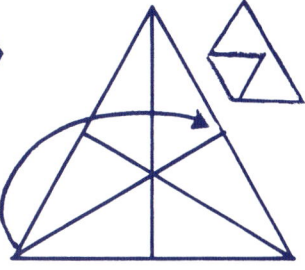

1. Alle Senkrechten falten
2. Jede Spitze bis zur Mitte falten, wieder aufklappen
3. Blatt wenden
4. Jede Spitze auf die gegenüber liegende Senkrechte an den Blattrand falten, wieder aufklappen

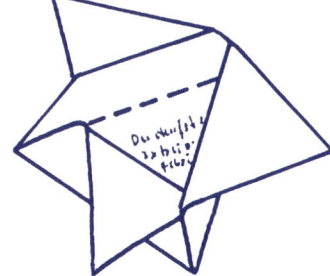
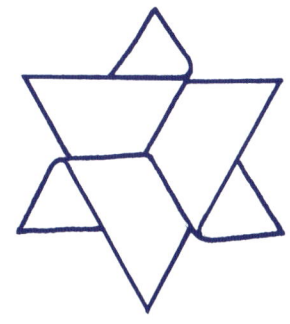

5. Stern falten und hineinschreiben

Begehbarer Adventskalender

In kleinen Dörfern oder zusammenhängenden Quartieren wird in einzelnen Häusern je ein so genanntes Adventsfenster geschmückt und beleuchtet. In einer vorbestimmten Reihenfolge geht täglich ein Fenster auf (1-24). Auf ein bestimmtes Zeichen hin (z. B. brennende Lampe oder Kerzen vor der Tür) sind alle Nachbarn und Interessierte am Eröffnungstag herzlich zu Tee und Gebäck eingeladen.

Lichter oder Engel unterwegs

Mancherorts bringen am 1. Dezember gewisse Familien eine Engelsfigur oder ein brennendes Kerzenlicht zu einer befreundeten Familie, z. B. das Friedenslicht, das jedes Jahr in der Geburtsgrotte von Bethlehem entzündet und dann über viele Länder verteilt wird. Das Licht bleibt dort über Nacht und wird am nächsten Tag an Bekannte und Freunde weitergereicht, wo es wieder nach einer Nacht weiterwandert. Es kann eine Lichtgeschichte oder ein engelgleicher Wunsch mitgegeben werden. Am Weihnachtstag werden alle Laternen oder Engel zur Krippe in die Kirche gebracht.

Adventssonntag-Überraschung

Bei älteren Kindern, welche keinen Adventskalender mehr erhalten, bildet die Adventssonntag-Überraschung eine schöne Möglichkeit, Freude zu bereiten. An jedem Sonntag liegt ein kleines Geschenk z. B. auf dem Jahreszeiten-Tisch oder dem Esstisch. Sinnvollerweise sind es Dinge, welche die Vorweihnachtszeit verschönern oder fürs Basteln gebraucht werden. Beispiele: Verzierwachs-Platten und Kerze, Goldstift, bunte Stoffschleifen, farbige Folie, Adventslicht fürs eigene Zimmer, Weihnachtsgedicht, Kerzenhalter, Kunstdrucke/Kunstkarten, Sammelordner für Kunstkarten usw.

Die vier Adventssonntage

Die vier »goldenen« Sonntage (mit je einem anderen Metall bezeichnet), bilden die kleinen Höhepunkte in der Adventszeit, an denen sich die Vorfreude auf Weihnachten entzündet und sich von Sonntag zu Sonntag steigert. Dies wird äusserlich sichtbar gemacht durch vier Kerzen, von denen jeden Sonntag eine mehr entzündet wird. Es ist deshalb für Kinder wichtig, dass dies auch wirklich so eingehalten wird und nicht schon von Anfang an alle Kerzen brennen dürfen. Man kann das Anzünden der Kerzen in der Familie zu einem Sonntagmorgen-Ritual beim Frühstück, in der Schule als morgendliches Einstiegs-Ritual gestalten. Jeweils ein anderes Kind ist an der Reihe und man singt anschliessend gemeinsam ein passendes Lied (siehe Lieder am Schluss des Kapitels). Wird der Adventskranz auch unter der Woche benutzt, dann empfehlen sich dicke Kerzen.
Um die Unterscheidung der vier Sonntage noch deutlicher sichtbar zu machen können auch vier verschiedenfarbige Kerzen verwendet werden: 1. Sonntag rot (= der eiserne Sonntag), 2. Sonntag grün (= der kupferne Sonntag), 3. Sonntag blau (= der silberne Sonntag), 4. Sonntag gelb (= der goldene Sonntag). Die Adventssonntage bieten sich an für Gottesdienstbesuche, die in der Adventszeit oft besonders sinnlich und ansprechend gestaltet sind, aber auch für ausgiebige Spaziergänge und das Bewundern der vielen Naturschönheiten zur Winterzeit, für gemeinsame Werkstunden und Vorleserunden.

Familienabend

Der Sonntagabend könnte zum adventlichen Familienabend ernannt werden, an dem wir gemeinsam die vergangene Woche im Rückblick betrachten, uns nochmals über Schönes freuen, aber auch Probleme besprechen und Lösungen suchen (Literaturhinweis: Thomas Gordon: Familienkonferenz. Heyne Taschenbuch, 2004). Wir können zusammen Weihnachtslieder singen und üben für den Weihnachtsabend, Gedichte vorlesen oder sogar auswendig lernen und besinnliche Geschichten und Legenden erzählen. Er bietet sich auch an für eine wohltuende Massage oder Traumgespräche (Beschreibung S. 108). Vielleicht haben wir Lust, einander unsere Weihnachtswünsche mitzuteilen, die kleinen wie die grossen, aber ebenso die persönlichen Hoffnungen (z. B. für ein friedlicheres Zusammenleben, mehr Ordnung im Wohnzimmer, einen freien Abend, Mithilfe in der Küche, ...), die unerfüllbaren Träume, geheime Fantasien, unsere Wünsche für eine bessere Welt und was wir dazu beitragen können, dass sich einige davon in Zukunft erfüllen mögen. Unter Umständen ergibt sich daraus ein gemeinsames Abschlussgebet, indem wir für alles Schöne danken und um den Frieden und das Glück aller Menschen bitten.
In manchen Familien bildet der Familienabend am Sonntag das ganze Jahr hindurch eine feste Institution. Er eignet sich besonders dafür, wenn an diesem Abend kaum Besuch eingeladen wird und möglichst alle Familienmitglieder (auch ältere Kinder) versuchen anwesend zu sein. Man kann dabei gut besprechen, welche Pläne und Ereignisse in der kommenden Woche bevorstehen und wie sie ablaufen sollen. Dieser gemeinsame Ausblick mit Informationen und kon-

kreten Vereinbarungen für alle (wer was wie wann macht) mindert Ängste und Stress und bringt stattdessen Struktur, Ruhe und Harmonie in den Familienalltag. Ein ähnlicher Anlass lässt sich mit einer Schulklasse zu Beginn und/oder am Ende der Schulwoche einführen, z. B. mit einem stets gleichbleibenden Lied, das den Rahmen gibt. (Vorschlag: »Vom Aufgang der Sonne, bis zu ihrem Niedergang, sei gelobet der Name des Herrn.«)

Engel in der Weihnachtszeit

»Sind sie (die Engel) nicht alle dienstbare Geister, zum Dienst ausgesandt um derer willen, die das Heil ererben sollen?«
(HEBR 1,14)

In der Adventszeit sind Engel allgegenwärtig, spielen sie doch in der Weihnachtsgeschichte eine ganz bedeutende Rolle: Verkündigung an Maria, Traum Josefs (Maria zu sich zu nehmen), frohe Botschaft für die Hirten, Traum der Könige (nicht zu Herodes zurückzukehren), und Josefs Traum (nach Ägypten zu fliehen). Engel treten unter verschiedenen Namen in allen Religionen und Kulturen auf: Bei den Juden, Christen und Muslimen sind es Engel, bei den Hindus heissen sie Devas, die Indiander und andere Völker nennen sie Geister oder Götter. Schon die Römer kannten den Genius und die Griechen den (guten) Daimon. Diese »dienstbaren Geister« bilden ein Bindeglied zwischen verschiedenen Kulturen und Religionen. Das kann besonders für LehrerInnen hilfreich sein, die Kinder unterschiedlicher Herkunft zu betreuen haben. Das Bild eines Engels kennen und verstehen alle Kinder – er schlummert als uraltes Seelenbild im Inneren eines jeden Menschen. Durch gute Engel als Boten Gottes können wir uns alle verbunden wissen. In den Engeln zeigt sich für uns Menschen Gottes heilende Nähe, durch die er in unseren Alltag hinein wirkt als führende, schützende, tröstende und inspirierende Kraft.
Mehr Informationen über Engel finden sich im Herbstband dieser Reihe: »Von Erntedank, Engeln und Legenden« in den Kapiteln Michael (Festtag 29. September), Raphael (Festtag 24. Oktober) und Schutzengelfest (Festtag 2. Oktober).

Literaturhinweise für Kinder:
– Elisabeth Heck/Ruth Kerner: Engel unter uns. Lahn-Verlag, Limburg-Kevelaer 2001. Zwölf Geschichten, in denen Kinder symbolisch Engeln begegnen.

– Daniela Herzog/Frank Stender: Wie sehen denn wohl Engel aus? Lahn-Verlag, Limburg-Kevelaer 2001. Sechs Impuls-Geschichten mit einer Fülle von frohen Gestaltungsideen dazu.

– Ulrike Kaup/Daniele Winterhager: Kommt ein Engel geflogen. Arena Verlag, Würzburg 2002. Bilderbuch.

– Pirkko Vainio: Der Weihnachtsengel. Nord-Süd Verlag, Gossau 1995. Bilderbuch.

– Jan Pancheri: Der kleine Engel. Lahn-Verlag, Limburg-Kevelaer 1999. Bilderbuch.

Literaturhinweise für Erwachsene:
– Anselm Grün: Jeder Mensch hat einen Engel. Herder Verlag, Freiburg 2000.

– Anselm Grün: 50 Engel für das Jahr. Herder Verlag, Freiburg 2001.

Rituale

Kerzen-Meditation
In der Winterzeit ist es am Morgen noch länger und am späten Nachmittag schon bald dunkel – Zeit für eine Kerzenmeditation. Wir löschen das Licht im Raum und erzählen den Kindern, dass es noch gar nicht so lange her ist, seit die Menschen elektrisches Licht kennen und nützen. Früher sass man abends im Schein von Petroleum- oder Öllampen zusammen, meist um einen Tisch. Es brannte nicht in jedem Zimmer Licht. Auch Wege und Städte waren nicht so hell erleuchtet, wie wir es heute gewohnt sind. War ein einsamer Wanderer unterwegs, entdeckte er kaum je ein Licht in der Dunkelheit und wenn, dann freute er sich sehr, denn es versprach ihm Wärme und Geborgenheit eines Hauses. Kerzen waren eine Kostbarkeit, z. B. kostete um das Jahr 1600 ein Kilogramm Wachs etwa zehnmal so viel wie ein Kilogramm Fleisch oder Käse heutzutage, umgerechnet also ca. 200 Franken. Kerzenlicht war etwas ganz Besonderes.
Nach diesem Einstieg erklären wir den Kindern, dass wir nun zusammen den Zauber des Kerzenlichtes erleben wollen. Wir sitzen ruhig noch eine Weile im ganz dunklen Raum, entzünden erst dann ein Streichholz, und mit diesem die vorbereitete Kerze in der Raum- oder Tischmitte. Dabei beobachten wir – mit flüsternder Stimme dafür sensibilisieren – wie die Flamme grösser wird, welche Farbe sie hat, oben, unten, innen und entdecken sogar einen bläulichen Kern. Wir beobachten, wie weit der Schein rundherum leuchtet, wie uns die Gegenstände und Gesichter im Raum erscheinen, wie die Konturen und Farben insgesamt weicher und samtiger als bei Kunstlicht wirken. Wir betrachten die Form der Flamme und bemerken, wie

sie als Licht stetig nach oben strebt, dem Himmel zu. Wir spüren die Wärme, indem wir langsam und vorsichtig die Hände Richtung Kerze bewegen und auch über die Kerze halten. Wir riechen ihren Duft (Bienenwachskerze verwenden) und beobachten, wie die Flamme im Luftzug flackert, evtl. blasen wir sie sanft an. Vielleicht erzählt uns die Kerze eine Geschichte aus alter Zeit. Wir lauschen nach innen; wenn es sich ergibt, teilt ein Kind spontan seine Gedanken mit. Oder wir erzählen den Kindern eine Geschichte, z. B. »Die vier Lichter des Hirten Simon« von Marcus Pfister, Nord-Süd Verlag (Geschichte eines Hirtenjungen, der seine Lichter auf dem Weg zum Jesuskind verschenkt und im Stall das grosse Weihnachtslicht findet).

Zum Abschluss der Meditation blasen wir die Kerze aus und beobachten das Verglühen des Dochtes, bis der letzte kleine Funke verschwunden ist und nur noch etwas Rauch aufsteigt. Bei einer Kerze mit langem, dickem Docht ist dieses Phänomen besonders interessant. Wir verweilen noch eine kurze Zeit im Dunkeln und schalten erst dann das elektrische Licht wieder ein. Vielleicht beten oder singen wir im Anschluss, malen unser Kerzen-Erlebnis oder ein Bild zu der gehörten Geschichte.

Kleines spontanes Gebet:

»Lieber Gott, wenn es draussen finster ist, habe ich Angst und wenn ich traurig bin, ist es in mir drinnen dunkel. Aber ich weiss, dass du auch da bist, wenn es ganz dunkel ist – einmal wird wieder ein Licht aufscheinen. Jesus hat von sich gesagt: ›Ich bin das Licht der Welt‹, darauf vertraue ich.«

Lied

Schatten und Licht/Was ou für Wääge

1. Wech-seln-de Pfa-de. 2. Schat-ten und Licht,
   Was ou für Wää-ge, Dun-kel und Liecht,
3. al-les ist Gna-de, 4. fürch-te dich nicht.
   al-les isch Sää-ge, Angscht het kes Gwicht!

Variante 1: D' Angscht wird liecht!
Variante 2: S'git nöii Sicht!

Text: baltischer Hausspruch.
Text Mundart: F. Schneider-Stotzer.
Melodie: unbekannte Herkunft.

Advents-Spirale (Ritual)

Die Advents-Spirale ist ein stimmungsvolles Ritual, das mit seinen eingängigen, archaischen Bildern die Seele tief berührt. Es handelt sich um eine sinnbildliche Darstellung unseres Weges zum Weihnachtslicht (unserer »Lebensreise«) in Form einer Spirale, die wir zusammen mit Kindern feierlich beschreiten wollen. Die Spirale ist ein Urbild aller Schöpfungsprozesse: Erbstruktur DNS = Doppelspirale, eingerollter Embryo, Spiral-Sternennebel, Haarwirbel, spiralförmige Schneckenhäuschen, Sonnenblumen-Mitte, spiraliges Abfliessen des Wassers u. v. a. m.

Wir legen mit Tannenzweigen eine Spirale auf den Boden, so, dass zwischen den Zweigen ein Weg bleibt, auf dem wir in die Mitte und wieder zurückgehen können. Auf die Zweige der Spirale legen wir in regelmässigem Abstand so viele Goldsterne, als Teilnehmende des Rituals vorhanden sind. Diese Vorbereitung ist eine Tätigkeit für Erwachsene, evtl. zusammen mit älteren Kindern. Als Orientierungshilfe kann die Spiralform vorher mit einer Schnur oder dunkelgrünen Stoffstreifen »vorgezeichnet« werden. In der Mitte brennt die grosse Weihnachtskerze als einziges Licht im Raum. Zu Beginn der Feierstunde setzen wir uns im Kreis um die Spirale, erzählen eine passende Weihnachtsgeschichte und singen gemeinsam Lieder. Anschliessend erhalten alle TeilnehmerInnen einen (Paradies-)Apfel, welcher mit einer Kerze bestückt ist: mit Sorgfalt ein 2 cm tiefes Loch bohren und die Kerze ringsherum mit ganz kleinen Tannenzweiglein fixieren. Der Apfel ist das Sinnbild der menschlichen Fähigkeit, Gut von Böse unterscheiden zu können (unser eigener Reichsapfel, unser heiliger königlich-göttlicher Wesenskern, mit dem wir weise herrschen können über unsere Seelenregungen).

Damit eine feierliche Stimmung aufkommt und die Kinder während des Rituals mit andächtiger Stille dabei sein können, flüstern wir zur Apfelverteilung nur leise und geheimnisvoll. Falls erwünscht, setzt nun im Hintergrund sanfte, ruhige Harfenmusik o. ä. ein.

Jetzt schreitet das erste Kind in die
Spirale hinein, entzündet sein Licht an
der grossen Weihnachtskerze in der Mitte
und stellt beim Hinausgehen sein
Apfellicht auf den innersten, mit einem
Goldstern bezeichneten Platz. Den
Goldstern darf es als Erinnerung mit
hinaustragen. Bevor das nächste Kind
an die Reihe kommt, singen wir ein
passendes Lied (nur bei kleineren
Gruppen, es dauert sonst zu lange) oder
sprechen folgenden Spruch:

*In der dunklen Nacht
ist ein Stern erwacht,
leuchtet hell am Himmelszelt
schenkt sein Licht der ganzen Welt.
In der dunklen Nacht
Ist ein Stern erwacht.*
(Mundart = analog)

Das nächste Kind setzt seinen Apfel auf
den zweitinnersten Stern-Platz, die Reihe
wird so fortgesetzt, die Spirale wird
von innen nach aussen beleuchtet. Kleine
Kinder werden begleitet, evtl. übernimmt
diese Rolle ein als Engel verkleideter
Erwachsener. Wenn das Beleuchten der
Spirale von innen nach aussen zu gefähr-
lich erscheint, gehen wir anders vor:
Dann können die Apfellichter auch nach
aussen getragen und brennend in der
Hand gehalten werden, bis alle Kinder in
die Mitte und zurückgegangen sind und
sich der Lichtkreis aussen herum ge-
schlossen hat.

Durch diese rituelle Handlung drücken
wir eine menschliche Grunderfahrung
oder ein geistiges Entwicklungsprinzip
aus: Immer wieder geht der Mensch den
Weg zu seinem göttlichen Lebenskern
(in die Mitte der Spirale), er stärkt seine
Ich-Licht- und seine Individuationskräfte,
um dann sein Licht (das er auf die
Spirale legt) der Aussenwelt zur
Verfügung zu stellen und Gemeinschaft
mitzugestalten.

Sicherheitsvorkehrungen: In einer Ecke
einen Wassereimer mit einem
feuchten Tuch bereitstellen, langes Haar
zusammenbinden, weite Kleider
und wehende Tücher vermeiden!

Einfache Variante: Die Spirale aus Nüssen, Äpfeln, Orangen, Mandarinen,
Steinen, Föhren- und Tannenzapfen,
Tannzweiglein, Bauklötzen oder anderen
Spielsachen bilden, was gerade vorhanden ist. Das Symbol kann so
spontan, ohne lange Vorbereitungen entstehen und die Kinder können in das
vorbereitende Tun miteinbezogen
werden (Spiralform als Orientierungshilfe
mit Faden oder Schnur am Boden bezeichnen). Die Teilnehmenden können
ohne Apfellicht oder mit einem einfachen
Teelicht in der Hand zur Kerze in der
Mitte und zurück an den Platz schreiten.

Begehbarer Adventskranz
In grossen Räumen kann die Spirale
auch als begehbarer Adventskranz
gestaltet werden, auf dem jeden Tag eine
Kerze mehr entzündet wird, für die
Sonntage eine grössere. Die Spirale kann
so während der ganzen Adventszeit be-
schritten und erlebt werden.

Gestalten

Adventskranz

Adventskränze werden in den unterschiedlichsten Variationen hergestellt. Die traditionelle Form besteht im schuppenartigen Anbinden von Tannenzweiglein mit Blumendraht um einen Strohring oder einen mit Draht umwickelten Zeitungsring. Anstelle von Tannenzweigen kann auch Buchs oder Stechpalme verwendet werden. Anschliessend werden 4 Kerzen – Bienenwachs duftet besonders fein – darauf befestigt: erhitzte Drahtstücke in den Kerzenboden stossen und dann in den Kranz stecken. Der Kranz kann mit allerlei Naturmaterialien wie Zapfen, getrockneten Blumen, zusammengebundenen Zimtstangen, gedörrten Orangen- und Apfelringen (Duft), Buchecker-Hüllen besteckt werden (evtl. feinen Golddraht verwenden). Zum Schluss wird der Kranz nach Belieben mit Schleifen und farbigen Bändern verziert oder an ebensolchen aufgehängt. Wir können daran die 24 Adventskalender-Päckchen befestigen.

Das Selberbinden eines Adventskranzes gehört zu den sinnlichsten Kindheitserlebnissen in der Vorweihnachtszeit. Die Augen erfreuen sich an all der Pracht, unsere Hände fühlen sie und unsere Nasen werden verwöhnt vom Duft des frischen Tannengrüns, vom herrlichen Duft nach Zimt und Orangen.
Bedeutung und Geschichte siehe beim Abschnitt Sinnbilder, S. 22.

Adventsschale

Wer den Adventskranz oder besser ein Adventsgesteck immer im warmen Wohnzimmer behalten möchte, ohne dass die Nadeln vorzeitig abfallen, verwendet eine grosse Tonschale (Blumentopf-Unterteller) und 4 ganz kleine, gekehrte Blumentöpfe (evtl. in vier verschiedenen Höhen), welche als Kerzenhalter dienen. Die Kerzen befestigen wir mit etwas Blumenkitt oder Knetwachs auf der Unterseite des Topfbodens und stellen sie in die grosse Schale. Diese füllen wir mit Wasser und geben kleine Tannenzweige und anderes Grün hinein. Dazu passen Beerenzweige, Zapfen, Misteln, Christrosen oder andere Frischblumen. Das Tannengrün wechseln wir von Zeit zu Zeit aus.

Adventsgärtchen
Dazu verwenden wir 4 Tonschalen, in deren Mitte die 4 Adventskerzen geklebt werden. (Wer selber töpfert, kreiert eine Tonschale mit einem kreisförmigen Wasserring aussenherum, welcher mit verschiedenem Grün gefüllt wird; in der Mitte kann man ein Kreuz formen, das die 4 Adventskerzen auf seinen Balken trägt; dazwischen liegen 4 Abteilungen.) Während der Adventszeit füllen wir die 4 Schalen/Abteilungen mit Gaben aus den 4 Naturreichen, und zwar jeden Sonntag eines mehr: schöne Steine aus dem Mineralreich; Samen und Körner oder getrocknete Blumen und Blätter aus dem Pflanzenreich; Schneckenhäuschen, Muscheln, Federn, etwas Wolle oder Fell aus dem Tierreich; Miniatur-Krippenfiguren aus Wachs für das Menschenreich. Dieses so genannte Krippengärtchen soll daran erinnern, dass auch in Steinen, Pflanzen und Tieren geistiges Leben schlummert, durch den Sündenfall ins irdisch-materielle Dasein gebunden wurde und zusammen mit dem Menschen erlöst sein will. Ein Adventsgärtchen kann aber auch unabhängig von den Adventskerzen, z. B. auf dem Jahreszeiten-Tisch oder in der Krippen-Landschaft integriert werden. Jeden Adventssonntag wird unser Garten um ein Reich erweitert (die Kinder dürfen von ihren gesammelten Schätzen dazu beitragen), bis er zuletzt mit der Krippe und dem Jesuskind – der Hoffnung für die ganze Welt – vollendet ist.

Miniaturkrippe aus Modellierwachs
Dazu können wir fertig vorbereitetes Modellierwachs kaufen, das in verschiedenen Farben erhältlich ist, jedoch muss es vor dem Verarbeiten in den warmen Händen in kleinen Stücklein vorgewärmt werden. Ganz besonders geeignet ist selbst zubereitetes, fein duftendes Bienenwachs zum Modellieren.

Rezept:
500 g Bienenwachs im Backofen oder im Wasserbad bei gut 70° C flüssig werden lassen; anschliessend mit einem Holzstäbchen 50 g Wollfett (Lanolin aus der Apotheke) beimengen, gut rühren und erkalten lassen. Sobald sich das Wachs zu verfestigen beginnt, mit einem Teelöffel portionenweise Wachs herausnehmen und auf einem Backtrennpapier erkalten lassen; locker in ein grosses Gefäss füllen. Vor dem Verarbeiten geben wir das Gefäss für ca. eine Stunde bei 50° C in den Backofen, um das Wachs vorzuwärmen. Es kann auch auf einen Heizkörper gestellt werden. Dank des etwas klebrigen Lanolin lassen sich einzelne Wachsteile besser anheften als beim gekauften Wachs. Falls ge-

wünscht, kann das Wachs mit wenig Kerzenfarbe eingefärbt werden. In diesem Fall empfiehlt es sich, gebleichtes Bienenwachs zu verwenden (das gelbe Wachs lässt sich nicht blau färben, es wird grünlich), das ebenfalls fein duftet. Bezugsquelle für die Schweiz siehe S. 39 beim Abschnitt Kerzenziehen. Die fertigen Figuren finden ihren Platz im oben beschriebenen Krippengärtchen, auf einem Wurzelstück, einer Baumscheibe, einer mit Erde und Moos gefüllten Tonschale, einem Stück Rinde, an einem Holzkästchen an der Wand oder sogar in einer Streichholzschachtel. Mit Geschenkpapier umwickelt ergeben sie eine niedliche Weihnachtsüberraschung.

Jericho-Rose mit Jesuskind
Grüne Rose in Wasserschale aufgehen lassen, selbst modelliertes Jesuskind aus Ton hineinlegen, trocknen/einrollen lassen (= schönes Weihnachtsgeschenk mit verborgener Überraschung).

Tannenzweige mit Raureif
Tannenzweige mit flüssiger Gelatine bestreichen (Gelatine-Blättter in kaltem Wasser einweichen, ausdrücken, ohne Wasserbeigabe unter ständigem Rühren erwärmen und auflösen) und grobkörniges Salz, z. B. Badesalz, darüber streuen, trocknen lassen. Im Kerzenlicht glitzern die Salzkristalle wie Raureif.

Glitzernde Schneebilder
Zeichnungen auf festem Papier können mit Salz beschneit werden: Überall, wo frischer Schnee liegen muss, breite Leimspuren (Weissleim) ziehen; das ganze Bild in ein quadratisches Backblech legen, mit Salz bestreuen, abschütteln, fertig.

Barbarazweige
Am Barbaratag, dem 4. Dezember ist es Brauch, Kirschbaumzweige oder solche anderer Obstbäume (heute auch Forsythie, Rosskastanie, Jasmin, Flieder, Mandelbaum, Weide) zu schneiden und in eine grosse Vase mit Wasser zu stellen. Werden sie liebevoll gepflegt (schräg anschneiden, Wasser häufig wechseln, täglich besprühen), erstrahlen sie in den Weihnachtstagen in heller Blütenpracht. Dieser vorweggenommene kleine Frühling soll an das neue Leben erinnern, das durch Jesus Christus in die Welt gekommen ist. An dieses Leben, das nach dem Tod weitergeht, glaubte auch die Christin Barbara ganz fest. Die Legende besagt, dass sie von ihrem heidnischen Vater Dioskuros ihres neuen Glaubens wegen gefangen gehalten und enthauptet wurde (4. Dezember 306). Auf dem Weg ins Gefängnis soll sich ein Kirschbaumzweig in ihrem Kleid verfangen haben, welcher dann im Trinkwasserkrug der Barbara zum Blühen kam und ihr Hoffnung schenkte.

Am Barbaratag
Geh in den Garten am Barbaratag.
Geh zum kahlen Kirschbaum und sag:
»Kurz ist der Tag, grau ist die Zeit.
Der Winter beginnt, der Frühling ist weit.
Doch in drei Wochen, da wird es geschehn:
Wir feiern ein Fest, wie der Frühling so schön.
Baum, einen Zweig gib du mir von dir!
Ist er auch kahl, ich nehm' ihn mit mir.
Und er wird blühen in leuchtender Pracht
mitten im Winter in der heiligen Nacht.«
JOSEF GUGGENMOS

Liederhinweis:
»Alle Knospen springen auf« (Wilhelm Wilms/Ludger Edelkötter), »Knospen springen auf« (Rolf Krenzer/Detlev Jöcker), »Wotsch a de Wienacht e Maie ha« (Gerda Bächli, aus: Alle Jahre wieder, Musikhaus Pan 106, c/o Gibellina Arts AG, CH-Baden).

Türschmuck
Türdekorationen gibt es in den verschiedensten Formen. Die einfachste Art ist das Befestigen eines Tannenzweiges, der mit Bändern, Schleifen, Kugeln, Engeln und Sternen geschmückt wird.

Mistelzweige:
Ein ganz alter Brauch bildet das Hereinholen (evtl. Kaufen), Verzieren und Verschenken von Mistelzweigen. Schon die Kelten schnitten die »unsterbliche und alles heilende« Pflanze feierlich mit goldenen Sicheln von den Bäumen (Obstbäume, Pappeln, Weiden, Birken) und hängten sie als Friedenssymbol und Abwehrzauber in ihren Häusern auf.
Bei den Griechen und Römern sprach man den Misteln schlaf- und reichtumsfördernde Kräfte zu. Im Christentum wurde die immergrüne, auch mitten im Winter Beeren tragende Mistel zum Sinnbild für das Kreuzholz Christi. Die Mistel galt lange Zeit als zauberisches Abwehrmittel gegen Blitz, Krankheit und Verhexung. Heute wird sie in der Medizin als blutdrucksenkendes Mittel und zur Krebsbekämpfung eingesetzt. Mistelzweige zieren unsere Hauseingänge. Wer sich darunter begegnet, darf sich – wie in England und Amerika Brauch – umarmen und küssen.

Vorlesetipp:
– Rita Peter: Die Legende von dem Mistelzweig. Hrsg. Dachverband Schweizerischer Lehrerinnen und Lehrer, Zürich 1978.
Die wunderschöne, schlichte Legende eignet sich für Kinder auch zum Selberlesen, da als Erstleselektüre verfasst.

Kerzenziehen
Diese alte, wiederbelebte Technik ist aus unserer Adventszeit nicht mehr wegzudenken. In sehr vielen Dörfern und Städten wird Kerzenziehen angeboten. Die besinnliche Ruhe und Konzentration, die dabei entsteht (beim Kerzenziehen darf man sich nicht beeilen), das langsame, doch sichtbare Wachsen der Kerze und die immer wieder anderen und einmaligen Verzierungen mit dem Kerzeninnern führen zu einer tiefen Zufriedenheit. Wir können diese Tätigkeit als Bild des inneren Wachstums verstehen: Schicht um Schicht legen wir an seelischer Substanz zu, bis wir ein Licht werden können. Die vielfältigen, inneren Qualitäten und Farben, die wir auf unserem Werdegang gesammelt haben, können wir nach aussen wenden (Verzierungen) und die Welt damit bereichern.

Kerzenzieh-Anlage:
Für Familien mit grossem Verbrauch und Institutionen lohnt es sich, eine Kerzenzieh-Anlage anzuschaffen. Nachfolgend ein Vorschlag für ein Set. In der Schweiz preiswert und in sehr guter Qualität zu bestellen bei: Exagon, Bernerstrasse Nord 210, CH-8064 Zürich, Tel. 0041 (0)44 430 36 76 (Katalog anfordern). Man benötigt ein Wachsschmelzgerät Typ 30 (oder ein Plattenrechaud und einen hohen Kochtopf mit mind. 34 cm Durchmesser) und 7 Wachsschmelzgefässe, Typ 2: Weiss in der Mitte, darum herum die

6 Regenbogenfarben. Die Schmelzgefässe müssen im Wasser auf ein Kuchengitter gestellt werden, damit der Gefässboden (das Wachs) nicht überhitzt wird. Die Firma Exagon führt alles weitere Zubehör wie Wachs, Farben, Dochte, Verzierwachsfolien, Knetwachs, Giessformen (z. B. für Kerzenreste).

Kerzenreste zu neuen Kerzen giessen
Die Kerzenreste sortieren wir nach Farben getrennt (die Mischung aller Farben ergibt Braun) und giessen sie wie nachfolgend beschrieben in Plastikbecher oder Blechdosen:
In den Gefässboden ein kleines Loch bohren, Docht durchziehen, verknoten. Über die Öffnung einen Kartonstreifen (ca. 2 cm breit) legen, in dessen Mitte der Docht in einem Schlitz festgeklemmt wird. Das Gefäss graben wir etwa 3 cm tief in ein mit Sand gefülltes Becken, um ein Umkippen zu verhindern. Das Wachs schmelzen wir im Wasserbad (z. B. in einer Konservendose, die in einer Pfanne mit Wasser steht und mit Wäscheklammern am Rand befestigt ist), damit es sich nicht überhitzen kann. Dann giessen wir das flüssige Wachs in die Form, z. B. Schicht um Schicht in verschiedenen Farben (zwischen den einzelnen Schichten kurz erstarren lassen). Zuletzt muss noch der Hohlraum, der sich beim Erstarren in der Mitte der Kerze gebildet hat, aufgefüllt werden. Anschliessend schneidet man den Dochtknoten unter dem Gefässboden ab und hebt die erkaltete Kerze aus dem Gefäss (der Plastikbecher kann notfalls zerstört werden). Mit Schütteln und Klopfen nachhelfen; evtl. heisses Wasser über die Blechdose giessen. Wenn das Gefäss um die Kerze bestehen bleiben soll, z. B. für Party-Kerzen, eignen sich besonders Blumentöpfe, deren zu grosses Loch man vor dem Eingiessen mit etwas Modelliermasse abdichtet; für Party-Kerzen sehr dicken Docht verwenden.

Woll-Engel
Material: ungesponnene Wolle in den Farben weiss, hellgelb und dunkelgelb; ungesponnene Seide für die Engelshaare.
Vorgehen: Einen Streifen weisse Wolle

abziehen (gut doppelt so lang wie die gesamte geplante Körpergrösse des Engels) und in der Mitte satt verknoten = Kopf, Hals abbinden; einen dünnen Streifen Wolle für die beiden Arme abmessen (gut doppelt so lang wie beide Arme zusammen), zusammenfalten wie das Foto zeigt. Hände abbinden und die Arme zwischen die zwei Leibstücke schieben. Hellgelbe und dunkelgelbe Wolle schleierartig über beide Schultern legen, Taille mit etwas verzwirnter Wolle oder Faden abbinden. Wolle für die Flügel vorbereiten, in Form ziehen, mit etwas gelber Wolle ganz dünn belegen und von Nacken bis Taille am Rücken festnähen. Einen Streifen Seide abziehen und über dem Kopf mit feinen Stichen festnähen (= Scheitel); nach Belieben im Nacken einen Aufhängefaden befestigen. Tipp: Mit dem gleichen Verfahren, aber anderen Farben können Blumenelfen und Wassernixen hergestellt werden (vgl. Sommerband dieser Reihe: »Von Pfingsten, Mittsommer, Zwergen und Elfen«).

Arbeiten mit Ton
Wenn es draussen kalt und ungemütlich ist, setzen wir uns gerne drinnen in der warmen Stube um eine brennende Kerze und nehmen uns Zeit zum Arbeiten mit Lehm. Mit ausgewalltem Ton entstehen Paketanhänger, Sterne und Engel zum Aufhängen, welche wir bei Bedarf noch verzieren können: mit einer Stricknadel oder Gabel Muster zeichnen oder strukturgebende Gegenstände eindrücken (bei einer flachen Schale z. B. ein Kohlblatt); mit ausgewalltem Ton kann auch plastisch, d. h. dreidimensional gestaltet werden. Ein Sternenlicht entsteht, indem die Lehmplatte zu einer runden Pyramide aufgerollt und Sternlöcher ausgestochen werden; Bodenplatte separat brennen. Aus Tonkugeln formt man Kerzenständer,

Krippenfiguren, eine Krippenhöhle. Die schon Geübteren gestalten Schalen, Tassen oder gar eine Duftlampe (Tipp: Lichtlöcher mit kleiner Sternform ausstechen), die mit einem Wasserbehälter für ätherische Öle versehen sind.

»Würstchentechnik«
Für das Gestalten von Gefässen: ausgerollte Lehmwürste aufeinanderlegen; durch Verstreichen innen und aussen eine glatte Wand bilden; evtl. mit Wasser nachhelfen.

Beim Verarbeiten sollten möglichst keine Luftblasen im Ton eingeschlossen werden, sonst besteht die Gefahr, dass die Gegenstände im Brennofen zerspringen. Erst brennen lassen, wenn alles gut durchgetrocknet ist.

Schleifen binden
Aus farbigen Bändern können wunderschöne Weihnachtsschleifen gebunden werden. Dazu brauchen wir feinen Draht zum Befestigen der Schlaufen:

– Beliebig viele Schlaufen legen (Enden vorstehen lassen), Draht in der Mitte darum herumlegen, satt anziehen und zweimal verdrehen.

– Mit einem anderen Band neue Schlaufen bilden, zwischen die 2 Drähte legen und wieder zweimal verdrehen.

– Nach Belieben weitere Schlaufen hinzufügen.

– Zuoberst können kleine Weihnachtskugeln, Goldsterne, Glöcklein u. a. m. mit dem Draht befestigt werden.

– Am Schluss die Schlaufen auseinanderziehen und drapieren, die Bandenden schräg anschneiden, die zwei Drahtenden nach hinten biegen, zusammendrehen und zum Befestigen verwenden.

Die so hergestellten Schleifen dienen uns als Tischdekoration, auf Tannenzweigen, als Tür- oder Baumschmuck, für Pakete oder als kleine Geschenke.

Arbeiten mit Seidenpapier – Transparente, Laternen, Faltsterne
Das durchscheinende Seidenpapier leuchtet geheimnisvoll und erinnert an die wunderschönen Glasfenster gotischer Kathedralen. Aus schwarzem Papier schneidet man Sterne, Krippenfiguren und Tiere. Die Negative im schwarzen Papier werden mit farbigem Seidenpapier oder transparentem Pergamentpapier hinterklebt: schwarzes Papier auf farbiges Papier legen, den ausgeschnittenen Formen mit Bleistift ganz fein nachfahren; ca. 1/2 cm ausserhalb des Bleistiftstrichs die Figur ausschneiden (= Platz für Klebstoff zum Aufkleben des farbigen Papiers auf die Rückseite des Transparents). Zauberhafte Effekte erreicht man durch Übereinanderkleben mehrerer Schichten von Seidenpapier: runde Scherenschnitte in verschiedenen Grössen und Farben (Ton in Ton) übereinander, Landschaften mit unterschiedlichen Horizonten, abstrakte sich überschneidende Formen, Figuren. Das Seidenpapier kann dabei auch gerafft oder gefaltet werden (Literaturtipp: Helga Meyerbröker: Transparente Bilder und Rosetten. Verlag Freies Geistesleben, 1995). Transparente schmücken Fenster oder werden mit einer Kerze dahinter aufgestellt; in diesem Fall muss das Bild seitlich nach hinten gefaltet werden. Laternen kann man leicht selber herstellen, indem man einen Milch- oder Saft-Tetrapak aus Karton übermalt, mit dem Japanmesser Sterne ausschneidet und diese Lücken auf der Innenseite des Beutels mit Seidenpapier hinterklebt.
Für kleine Kinder ist die Ausschneide-Technik zu anspruchsvoll. Einen ähnlich durchscheinenden Effekt erreicht man, wenn Farbstiftzeichnungen der Kinder auf der Rückseite mit Salatöl eingerieben werden. Dazu eignen sich Mandalas (möglichst mit schwarzem Hintergrund) oder selbst entworfene Szenen, z. B. aus der Weihnachtsgeschichte. Nach Belieben in einen schwarzen Rahmen kleben; evtl. mit einer Klarsichtmappe schützen.

Faltstern:
8 Rechtecke im Verhältnis 1 : 2 cm (z. B. 5 x 10 cm) ausschneiden; der Länge nach falten und wieder aufklappen, fortfahren wie auf der Skizze angegeben (a, b, c, d je zweimal zur Mittellinie falten); die 8 Zacken auf selbstklebender Klarsichtfolie zu einem Stern zusammenfügen.

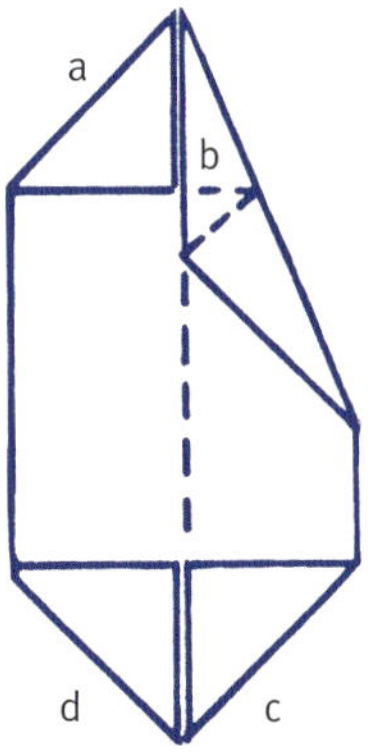

Fenster bemalen

Anstelle von aufgeklebten Transparenten können Fenster auch direkt bemalt werden, mit Fensterkreiden oder flüssiger Fensterfarbe. Diese lässt sich preisgünstig selber herstellen: Man mischt ca. 3/4 Weissleim (glasklar trocknend) mit 1/4 zähflüssiger Gouachefarbe. Beim Malen möglichst wenig Wasser dazugeben, so kann man die Bilder später ohne Probleme wie Plastikstücke wieder vom Fenster lösen durch Abreiben; dabei werden sie allerdings zerstört.

Variante: Wenn man 16 Zacken faltet, können diese jeweils an der Mittellinie übereinander geklebt werden, dann ist keine Klarsichtfolie nötig.
(Weitere Modelle in einer Schritt für Schritt Anleitung: Thomas Berger: Weihnachten. Anregungen zum Basteln und Schmücken Verlag Freies Geistesleben, Stuttgart 1999.)

Türbild auf Packpapier

Ein türgrosser Engel, Tannenbaum oder ein Nikolaus im Schnee kann auf Packpapier gemalt und an einer Türe befestigt werden.

Weihnachtsschmuck aus Glanzfolie (Drückblech)

Weihnachten – Fest des Glanzes! Kinder lieben es, mit glänzenden Materialien zu gestalten, die Faszination entzündet sich dabei jedes Jahr neu. Glanzfolie ist in Gold, Silber, Kupfer und verschiedenen Farbtönen erhältlich und lässt sich vielfältig bearbeiten, verzieren und schmücken, je nach Altersstufe und Fähigkeiten.

Formen »prägen«

Ausgeschnittene Formen können wir in einer Art Prägeverfahren mit Stricknadel »prägen«, verzieren und plastisch gestalten. Dazu brauchen wir eine feine Metallstricknadel mit runder Spitze und eine Karton-Unterlage, auf die wir ein Stück Filz legen (die Tischplatte ist zu hart, die Folie kann reissen). Nun zeichnen wir beliebige Muster, Punkte, Buchstaben und Bilder in die Folie, dabei fest drücken! Um den plastischen Eindruck zu erreichen, muss folgendes Vorgehen angewendet werden: Nach jeder einzelnen Linie, die wir gezeichnet haben, drehen wir die Folie um und fahren dieser Linie auf der Rückseite in einem Abstand von 1-3 mm nach. Dieses Verfahren knickt die Folie in beide Richtungen (hinauf und hinunter), die Muster wirken wie ein Relief und reflektieren das Licht in alle Richtungen.

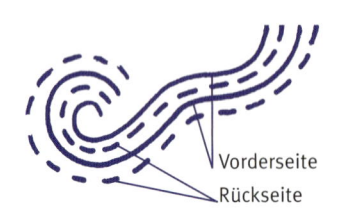

Vorderseite
Rückseite

Lochmuster

Mit einer Stecknadel stechen wir viele kleine Löchlein durch die Folie. Diese Technik ist besonders hübsch, wenn die Formen aufgehängt werden und das Licht durchscheinen kann. Aus leeren Teelichtbehältern lassen sich einfache Sternlichter gestalten: den Rand sechsmal bis zum Gefässboden einschneiden, seitlich hinunterbiegen, spitz zuschneiden (= Sechsstern), mit Löchlein verzieren. Einen solchen Stern klebt man vor

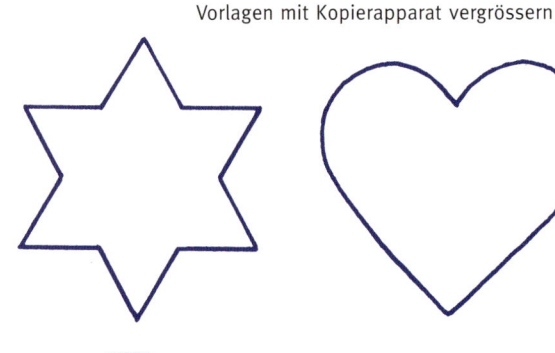

Vorlagen mit Kopierapparat vergrössern

ein neues Teelicht: die Kerzenflamme leuchtet zauberhaft verborgen.

Tipp: Verzierte Formen können mit wasserfestem Filzstift zusätzlich bunt bemalt werden.

Plastischer Stern
Einen Sechsstern ausschneiden; entlang der drei langen Mittellinien (von Spitze zu Spitze) knicken; Massstab und Stricknadel zu Hilfe nehmen; Stern umdrehen und die drei kurzen Verbindungslinien zwischen den Zacken knicken; mit Daumen und Zeigefinger vorsichtig plastisch drücken: Die langen Mittellinien stehen auf, die kurzen Verbindungslinien schauen gegen unten.

Sternkette
Aus gleichseitigen Dreiecken lassen sich vielseitig verwendbare Sternketten für Fenster, Tische, Kränze und Christbäume herstellen: An eine Goldschnur klebt man je ein Dreiecke vorne und hinten verschoben aufeinander, sodass ein Sechsstern entsteht; in kurzen Abständen weitere Sterne auf den Faden kleben, bis die Kette die gewünschte Länge erreicht hat.

Folienring-Kette
1/2-1 cm breite Folienstreifen vorbereiten, in 7-9 cm lange Stücke schneiden, Ringe ineinanderfügen und zukleben. Die Klebestellen können auch mit Büroklammern fixiert werden, kleine Kinder verwenden mit Vorteil transparente Klebestreifen.

Strohhalmkette mit Folienplättchen
Man reiht 1-2 cm lange Strohhalmstücke abwechselnd mit runden oder quadratischen Folienplättchen auf einen langen Faden (geht auch mit grossen Pailletten).

Weihnachtskringel
Einen 1/2-1 cm breiten und 30 cm langen Folienstreifen schneiden; diesen ganz fest und straff um eine dicke Stricknadel oder einen runden Bleistift wickeln (wie einen Verband, ev. ganz wenig überlappend); beim Wegziehen sieht die Folie aus wie eine spiralig gewickelte Feder, die man vorsichtig zu einem Kreis biegt und mit Klebstreifen oder Leim zusammenfügt.

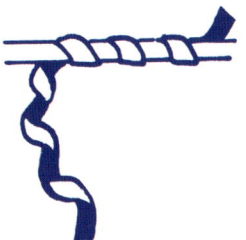

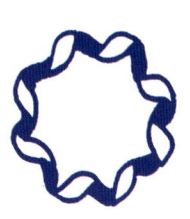

Serviettenring mit Stern
Sternzacken mit Prägeverfahren verzieren, a in b stecken, Serviette rollen und hineinlegen.

Engel

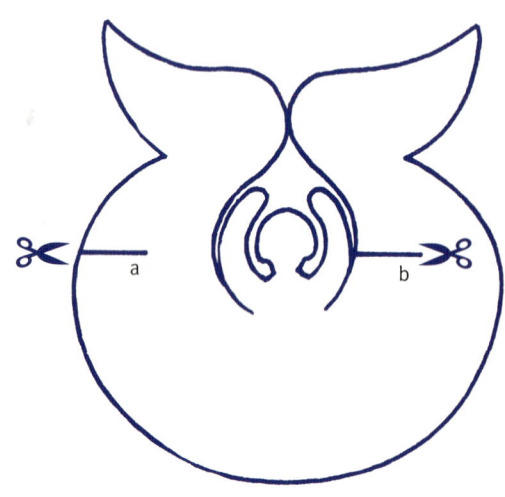

einschneiden und zusammenstecken: a in b

Die Vorlagen können mit einem Fotokopierapparat beliebig vergrössert oder verkleinert werden.

Krippenfiguren

Die Krippe (als Sinnbild der Menschwerdung Christi) und das Kreuz (als Sinnbild der Erlösung) sind von zentraler Bedeutung für den christlichen Glauben: Gottes Sohn ist in die Welt eingetreten, um sie zu erlösen.
Das Herstellen von Krippenfiguren und der Krippenbau haben eine lange Tradition. Zweidimensionale, bildliche Darstellungen (seit dem 2. Jh. in der Katakombenmalerei und auf christlichen Sarkophagen) und inszenierte Krippenspiele waren ihre Vorläufer. Ursprünglich wurden Krippen vorwiegend in Kirchen und Klöstern aufgestellt (seit 420 aus Rom bekannt), als eindrückliches, bildliches Verkündigungsmittel für das einfache Volk. Seitdem im Zuge der Aufklärung (18. Jh.) Weihnachtsdarstellungen in Kirchen verboten wurden, hielten sie vermehrt Einzug in Privathäuser. Im 19. Jh. gab man ihnen den Platz in der Kirche zurück und sie verbreiteten sich auch in reformierten Familien. Die Krippe wurde Ausdruck religiöser Familienkultur und christlichen Glaubens: Gottes Sohn ist Mensch geworden. Selbst heute, in unserer bildüberfluteten Zeit, geht von diesen dreidimensionalen Weihnachtsdarstellungen ein unerklärlicher Zauber aus. Wir lassen uns anrühren vom Wunder der Geburt, dem Neuen, Zarten,

der Hoffnung, der Zukunft, die vor uns in der Krippe liegt. Hoffen nicht auch wir immer noch auf eine heile Welt, auf Wohlergehen und Frieden für alle Menschen? In jedem neugeborenen Kind kommt das Versprechen auf eine bessere Zukunft mit zur Welt. Nicht nur das Jesuskind hat einen Bezug zur Gegenwart, sondern auch alle anderen Gestalten der Krippe können wir als Träger archetypischer Eigenschaften verstehen, die wir in uns und unserer Umwelt wiederfinden. Sie tragen dank ihren unterschiedlichen Qualitäten dazu bei, dass Weihnachten werden kann – hier, heute, jeden Tag neu.

Gestalten der Krippe als Archetypen
Maria ist ein Bild der reinen Seele, die bereit ist sich zu öffnen, neuem Leben Raum zu geben, ja zu sagen.
Josef repräsentiert den rechtschaffenen Menschen, der mit beiden Beinen auf dem Boden steht, der aber trotz weltlichen Zweifeln (Maria als unverheiratete Frau, die ein Kind erwartet) bedingungslos den Weisungen der geistigen Welt (Träume) gehorcht und gerade dadurch der irdischen Welt dient. Als Zimmermann »baut« er gewissermassen das irdische Haus für Jesus, er ist verantwortlich für die äusseren Dinge.
Engel sind Boten Gottes, des Lichtes, sie sind Repräsentanten des Übersinnlichen, der jenseitigen glanzvollen Wirklichkeit, der inneren Stimme, die uns im Leben »zum Heil der Welt« – zu allem was heilt und heiligt – führt.
Hirten behüten das ihnen Anvertraute. Es handelt sich um Menschen ohne Ansehen, sie sind einfach, ungebildet und deshalb noch offen und unvoreingenommen für die direkte Wahrnehmung von Engeln. Sie hören und schauen, glauben und vertrauen, suchen und finden das Kind, geben die Kunde weiter. Die Hirten stehen für das Judentum (im Gegensatz zu den drei Weisen, die das Heidentum vertreten), das zur Krippe kommt. Auch der berühmte David (aus dessen Geschlecht Jesus stammt) war ein Hirte, bevor er König wurde.
Könige/Weise stehen für die Heiden, die auch den Weg zur Krippe finden. Es handelt sich um angesehene, gebildete Astronomen/Astrologen (damals noch dasselbe), welche die Himmelszeichen erkennen und zu deuten verstehen. Sie tun sich mit Gleichgesinnten zusammen, um aufzubrechen, sich vom Stern führen zu lassen, Erkundigungen einzuziehen, aber auch dem Bösen/der weltlichen Macht zu begegnen (bei Herodes) und sind insgesamt ein Bild des suchenden, fragenden, erkenntnisgerichteten Menschen. Sie sind sich jedoch nicht zu gut, um sich niederzuwerfen, anzubeten, ergreifen zu lassen, das Göttliche zu erkennen und den Traumweisungen zu folgen und einen anderen Weg einzuschlagen. Sie stehen also auch für den demütigen Menschen, der nicht durch Wissen und Hochmut verblendet ist.
Die Gaben der drei Weisen sind ein Sinnbild unserer geistigen Schätze, die wir dem neugeborenen Jesus zur Verfügung stellen wollen. Die Dreizahl der Könige und ihrer Gaben versinnbildlicht die drei Bereiche Körper, Seele und Geist oder Verstand, Gefühl und Wille.
Herodes ist Sinnbild der Macht der Welt, des Bösen, des Schattens, welchem wir uns auf unserer Lebensreise stellen müssen.
Tiere haben ebenfalls ihre Bedeutung: Esel und Ochs werden zwar nicht in der biblischen Weihnachtsgeschichte erwähnt, sie finden sich jedoch schon seit frühester Zeit bei der Krippe ein, so z. B. auf Sarkophag-Reliefs aus dem 3. Jh. Man deutete die Worte des Prophe-

ten Jesaja auf die Geburt Jesu: »Der Ochs kennt seinen Besitzer und der Esel die Krippe seines Herrn; nur mein Volk hat keine Einsicht.« (Jes 1,3) Esel und Ochs steht keine Vernunft bei der Erkenntnis ihres Herrn im Weg. Tiere versinnbildlichen die Bereiche des Instinktes, als Nutztiere auch Treue und Dienstbereitschaft. Das Schaf, ein vorchristliches Opfertier, ist ein Sinnbild für Jesus, »das Lamm Gottes, das die Sünden der Welt hinwegnimmt« (Joh 1,29).

Zur Herstellung von Krippenfiguren werden – je nach Land und Tradition – die unterschiedlichsten Methoden und Techniken verwendet: Aus Holz schnitzen oder aus Sperrholz aussägen und bemalen (hübsch wirken sie vor einem grossen Fenster mit Seidenpapier-Hintergrund), mit Wachs formen, aus Stoff nähen, aus Lehm modellieren, aus Gips giessen, auf ein Drahtgestell aufbauen – der Kreativität und Fantasie sind keine Grenzen gesetzt. Wo noch keine Krippenfiguren vorhanden sind, kann es eine beglückende und sinnvolle Aufgabe sein, selber solche zu gestalten. Es ist beeindruckend, welche Freude und Hingabe bei dieser Tätigkeit entsteht! Sie ist Ausdruck der Dankbarkeit und des Staunens über die grosse Liebe Gottes, welcher immer wieder Propheten zur Erde gesandt hat und dessen Liebe zu den Menschen im Geschenk seines Sohnes an die Welt ihren Höhepunkt fand.

Bewegliche Figuren
Besonders eindrückliche Szenen und lebensnahe Darstellungen lassen sich mit beweglichen biblischen Figuren gestalten. So können im Lauf der Advents- und Weihnachtszeit verschiedene Bilder der

Prophet Jesaja kündigt den Erlöser an

Geburtsgeschichte aufgebaut und dabei verinnerlicht werden. Wenn sich dann am Weihnachtstag alle Figuren beim Jesuskind eingefunden haben, sind auch wir als Betrachter und Gestalterinnen darin einbezogen: Vor der Krippe finden alle Menschen Heimat, ob reich und weise wie die Könige, oder arm und einfach wie die Hirten, ob jung oder alt, modern oder altmodisch, gesund oder krank. So kann uns die Krippe zu einem Bild der Gemeinschaft, der Geborgenheit, der Wärme, der Freude, des Friedens, des Glaubens und Vertrauens werden. Vielleicht bietet sich die Gelegenheit, mit den Kindern gemeinsam Gott für das Wunder des Weihnachtsfestes zu danken?

Gebetsbeispiel:
»Lieber Gott, wir freuen uns über die Geburt Jesu. Wir danken dir, dass du ihn zu uns gesandt hast und wir von ihm lernen können Frieden zu halten und mitzuhelfen, dass alle Mensch glücklich werden. Sende uns deine Engel – nicht nur zu Weihnachten – das ganze Jahr über sollen sie uns begleiten und zum Guten führen.«

Stationen der Weihnachtsgeschichte
Nachfolgend sind die Stationen der Weihnachtsgeschichte zusammengestellt. Sie dienen als Anregung und werden je nach Gegebenheit, Zeit und persönlichen Schwerpunkten ausgewählt. So kann z. B. an jedem Adventssonntag eine neue Szene gestellt werden. Nach Weihnachten tauchen die Könige in der Ferne auf und bewegen sich jeden Tag ein Stück näher, sie treffen sich, bis sie am 6. Januar bei der Krippe ankommen.

November:
– Der alttestamentliche Prophet Jesaja (700 v. Chr.) kündigt dem Volk Israel den Erlöser an (Jes 9,2-7; 11,1-5; 42,1-9; 52,13-53,12). Dazu kann man eine bereits vorhandene Hirtenfigur oder Josef einsetzen (mit einem hellen Tuch als Prophet umkleiden), welche/r mit einem Arm in die Zukunft weist und im anderen z. B. eine Schriftrolle trägt.

Advent:
– Engel Gabriel verkündet Zacharias die Geburt des Johannes (Lk 1,5-25)

– Engel Gabriel verkündet Maria die Empfängnis des Gottessohnes (Lk 1,26-38)

– Maria besucht Elisabeth (Lk 1,39-56)

– Geburt des Johannes (der später Jesus tauft) und Lobpreis des Zacharias (Lk 1,57-80)

– Josefs Zweifel und Traum (Mt 1,18-24)

– Aufruf zur Volkszählung (Lk 2,1-3)[2]

– Maria und Josef auf dem Weg nach Bethlehem (Lk 2,4-5)

– Suche nach Unterkunft (Lk 2,6-7)

---

[2] Eine in Ankara gefundene Inschrift berichtet, Augustus habe dreimal einen Zensus angeordnet: 28 v. Chr. nur für die römischen Bürger, 8 v. Chr. und 14 n. Chr. für das ganze Reich. Da das wahrscheinliche Geburtsjahr Jesu 7 v. Chr. liegt, handelt es sich tatsächlich um die erste Schätzung (für nichtrömische Bürger) wie es in der Bibel heisst.

Heiligabend, 24. Dezember:
- Die Geburt des Jesuskindes im Stall (Lk 2,7)

- Engel verkündigen Hirten die Geburt des Heilandes (Lk 2,8-14)

Weihnachten, 25. Dezember:
- Hirten gehen zur Krippe, erzählen die Frohbotschaft weiter, kehren zurück zu den Herden, loben und preisen Gott (Lk 2,15-20)

26. Dezember bis 5. Januar:
- Darbringung Jesu im Tempel (Festtag 2. Feb.) mit Simeon und Hanna (Lk 2,21-38). Dazu können wir den alten König und Elisabeth umkleiden

- Die Weisen (Könige) sehen den Stern und folgen ihm (Mt 2,2)

- Die Weisen bei Herodes in Jerusalem (Mt 2,1-8)

Dreikönigstag, 6. Januar:
- Die Weisen finden das Kind, beten es an, bringen Schätze dar (Mt 2,9-11)

nach 7. Januar:
- Traum der Weisen, nicht zu Herodes zurückzukehren (Mt 2,12)

- Im Traum fordert der Engel Josef auf, vor Herodes zu fliehen (Mt 2,13)

14. Januar:
- Flucht nach Ägypten (Mt 2,14-15)

Die Krippenlandschaft

Als Unterlage verwenden wir erdfarbene Gazetücher oder andere geeignete Stoffe. Mit Hilfe von Wurzeln, Palmblättern, Gräsern, getrockneten Doldenblütlern (z. B. Kerbel), Ananas-Blattstümpfen, eingestellten Zweigen, Steinen u. a. m. gestalten wir die Landschaft aus. Pflanzenteile können in einem Pflanzenigel, in Knetmasse oder zwischen den Steinen fixiert werden. Aus Rindenstücken und Holzscheiten bauen wir einen Stall. Auch ein weicher Bastkorb, der mit einem braunen Gazetuch bedeckt ist, kann die Geburtshöhle andeuten.
Eine orientalische Stadtsilhouette schneiden wir aus Wellkarton aus. Weiße Styropor-Stücke von Verpackungen (evtl. mit Kunstmörtel bestrichen und bemalt) können als Häuser-, Tempel- oder Palastkulissen dienen. Kinder basteln gerne weitere Zutaten selber: einen Ziehbrunnen, eine Feuerstelle, einen Holzstapel ...
Im Hintergrund nach Belieben ein blaues Tuch als Himmel aufhängen oder mit einem Fotoposter die Landschaft andeuten.

Licht-Adventskalender:
Wollen wir unsere Krippenlandschaft als eine Art Adventskalender einsetzen, so stellen wir 24 Teelichter auf die Unterlage und entzünden jeden Tag eines mehr, bis am Heiligabend die nach und nach wachsende Krippenszene (immer eine Figur, ein Tier oder eine Pflanze ergänzen) festlich beleuchtet ist. An der Decke über der Landschaft kann parallel dazu jeden Tag ein weiterer hängender Goldstern befestigt werden. Diese glänzen geheimnisvoll im Kerzenlicht und bewegen sich in der warmen Luft, die aufsteigt. Das Kerzenanzünden wird zum abendlichen Ritual, bei dem wir die noch nicht brennenden Kerzen zählen (= so

viele Tage fehlen noch bis Weihnachten), singen und Geschichten erzählen ...

Krippenspiele

Krippenspiele werden seit vielen Jahrhunderten theatralisch aufgeführt. Franz von Assisi habe als erster im Wald von Greccio ein erfolgreiches Krippenspiel mit erwachsenen Menschen und lebenden Tieren gestaltet (1223). Im Mittelalter entwickelte sich der Brauch des »Herbergsuchens«: Man zog in Gruppen von Haus zu Haus, wobei in Wechselgesängen Szenen der Weihnachtsgeschichte vorgetragen wurden. Heute gehören Krippenspiele zur Erinnerung beinahe aller Schulkinder. Man kann sie auch in der Familie improvisieren: Ein blaues Tuch für Maria, eine braune Kutte für Josef, evtl. ein Stück Fell, das der Hirt als Geschenk mitbringt, ein weisses Hemd und ein goldenes (Geschenk-)Band für den Engelskopf – mehr ist nicht nötig. Alle sprechen frei. Jedes Familienmitglied übernimmt eine Rolle und die Puppe darf das Jesuskind spielen.

Literaturhinweis:
– Barbara Cratzius: Das grosse Buch der Weihnachtsspiele. Herder Verlag, Freiburg 2005. Spielstücke von Advent bis Dreikönig, grosse Vielfalt mit CD-ROM.

Gedicht

Weihnachtskerzlein

*Ich möchte ein Weihnachtskerzlein
in meinen Händen sehen,
und mit dem Freudenlichtlein
durch dunkle Gassen gehen.
Ich möchte den Menschen sagen,
die immerzu nur klagen:
Die Welt ist nicht nur dunkel,
voll Sorgen, Leid und Not!
Drum bringe ich euch heute
mein Weihnachtslicht zur Freude!
Nun öffnet schnell die Herzenstür,
dass jeder euer Lichtlein spür!*

Schweizer Mundart (= Original)
Wiehnachtscherzli

*I möcht es Wiehnachtscherzli
i mine Hände ha
und mit däm Fröideliechtli
dür dunkli Gasse ga.
I möcht de Lüt cho säge
wo immer chlage tüe:
D' Wält isch nid nume dunkel
und voller Not und Müe.
Sisch nid so schlimm, süsch lueged
mis Wiehnachtscherzli a!
Das wott cho heiter mache
wenn dihrs weit ine la.*

Herkunft unbekannt
Hinweis: Passt auch zu einer Luciafeier.

Vorlesen/Erzählen

Im Zentrum steht die Weihnachtsgeschichte. Es ist deshalb sinnvoll, den biblischen Geburtsbericht an den Anfang der Adventszeit zu stellen, Legenden und andere weihnachtliche Erzählungen im Anschluss dazu. Wir finden sie in Kinderbibeln und Bilderbüchern, eine kleine Auswahl sei hier vorgestellt.

Die biblische Weihnachtsgeschichte
Kinderbibeln:
– Regine Schindler/Stephan Zavrel: Mit Gott unterwegs. bohem press, Zürich 2004.

– Selina Hastings: Illustrierte Bibel für Kinder. Gerth Medien, Rothrist 1994.

Bilderbücher:
– Hans Baumann/Christiane Lesch: Ein Kind ist uns geboren. Verlag Freies Geistesleben & Urachhaus, Stuttgart 2003.
Beginnt mit der alttestamentlichen Prophezeihung Jesajas und folgt der Weihnachtsgeschichte umfassend nach dem Lukas- und Matthäusevangelium, einschliesslich Ankündigung und Geburt Johannes des Täufers.

– Felix Hoffmann: Weihnachten. Theologischer Verlag, Zürich 1993.
Weihnachtsgeschichte nach Lk 2,1-20 und Mt 2,1-15: Geburt Jesu, Anbetung der Hirten, die Weisen aus dem Morgenland, Flucht nach Ägypten.

– Eleonore Schmid: Die Weihnachtsgeschichte. Nord-Süd Verlag, Gossau 1990. Geburt Jesu nach Lk 2,1-20: Geburt Jesu, Anbetung der Hirten; wunderschöne Bilder.

– Jane Ray: Die Weihnachtsgeschichte. Herder Verlag, Freiburg 1999. Weihnachtsgeschichte nach Lk und Mt. Für Kinder, die farbenprächtige Bilder mit viel Gold lieben.

Sachbilderbuch:
– Walter Bühlmann/Annemarie Schwegler/Christine Egger: »Betlehem vor 2000 Jahren« und »Nazaret vor 2000 Jahren«. rex verlag luzern, 1998 und 1996. Informieren ausführlich, spannend und anschaulich illustriert über die Lebensverhältnisse und Geschichten rund um Jesus; sie basieren auf neuesten bibelwissenschaftlichen Erkenntnissen. Zu jedem Band ist eine Dia-Serie erhältlich bei: TAU-AV Produktion, Kollegium, Mürggasse 20, CH-6370 Stans.

Legenden rund um die Weihnachsgeschichte:
Vorlesebücher:
– Gunhild Sehlin: Marias kleiner Esel und die Flucht nach Ägypten. Verlag Urachhaus, Stuttgart 2000.
Ein herzerwärmendes Vorlesebuch, das uns durch die ganze Weihnachtszeit begleiten kann (21 kurze Kapitel).

– Jakob Streit: Kindheitslegenden. Verlag Freies Geistesleben & Urachhaus, Stuttgart 2000.
Vorlesebuch mit 37 kurzen Legenden, geeignet zum Vorlesen in der Weihnachtszeit.

Bilderbücher:
– Max Bolliger/Stephan Zavrel: Das Hirtenlied. bohem press, Zürich 1999. Ein Hirtenbub beruhigt das weinende Jesuskind mit seinem Flötenspiel.

– Gerda Scheidl/Marcus Pfister: Die vier Lichter des Hirten Simon. Nord-Süd Verlag, Gossau 2004.
Ein Hirtenjunge, welcher das verlorene Lämmlein sucht, verschenkt unterwegs seine Lichter, das letzte dem Jesuskind.

– Tina Jänert/Alessandra Roberti: Das Geschenk fürs Christkind. Nord-Süd Verlag, Gossau 2004.

– Rolf Krenzer/Maja Dusikovà: Die Geschichte vom Weihnachtsglöckchen, bohem press, Zürich 2000.

– Gisela Cölle: Der Sternenbaum. Nord-Süd Verlag, Gossau 1997.

Buch für LehrerInnen und KatechetInnen:
– Christine Hubka/Tizia Hula: Jesus – Ein Kind wie Lisa und Benjamin? Lahn Verlag, Limburg-Kevelaer 2001.
Bilderbuch. Jesus Kindheit neben Kindern unserer Zeit, sehr empfehlenswert! (Kindergarten/Unterstufe).

Singen und Musik

Menschen lassen sich von Musik im Innersten berühren – es ist die Sprache der Seele, die sich in den Klängen ausdrückt. Durch Singen und Musizieren stimmen wir uns im wahrsten Wortsinn auf Weihnachten ein. Durch gemeinsames Singen stärken wir zudem das Gefühl der Zusammengehörigkeit und schaffen eine Kraftquelle im Alltag: Die Arbeit geht leichter von der Hand, Stress löst sich auf, Müdigkeit fällt ab, man ist heiterer gelaunt und kann beschwingt und fröhlich weitergehen.

Kopierte Liedersammlung
Es lohnt sich eine Liedersammlung herzustellen, indem wir bevorzugte Lieder auf Blätter kopieren, diese zusammenheften und für jedes Familienmitglied eine Serie vorbereiten, welche wir »alle Jahre wieder« zur Hand nehmen und gegebenenfalls ergänzen können. Die altbekannten Lieder aus unserer eigenen Kindheit finden darin ebenso ihren Platz wie Neues, das die Kinder vielleicht von der Schule nach Hause bringen (nachfragen!). Die Erfahrung zeigt: Wenn Liedblätter und Instrumente (Glockenspiel, Flöte, usw.) bereitliegen, wird zur Freude aller viel mehr gesungen und musiziert: Beim Adventskranz, vor dem Backen, nach dem Basteln und vielleicht am Abend vor dem Zubettgehen.

Weihnachtsmusik
Es gibt eine Reihe von wunderschönen klassischen Weihnachtskonzerten (Vejvanovsky, Corelli, Bach, Torelli, Schmeltzer, Heinichen, Vivaldi, Manfredini, …), mit denen wir uns am Sonntagmorgen und während der stillen Stunden am Abend auf das bevorstehende Fest freuen können. Auch Flöten-, Harfen-, Orgel- und Trompetenkonzerte passen gut in die Adventszeit. Daneben existiert ein grosses Angebot an Weihnachtsmusik aus neuester Zeit.

Lieder

Weihnachtszeit/Wiehnachtszyt

1. Weih-nachts-zeit, Weih-nachts-zeit, ist für uns jetzt nicht mehr weit.
1. Wieh-nachts-zyt, Wieh-nachts-zyt, schönsch-ti wo's uf Är-de git.

Weih-nachts-zeit, Weih-nachts-zeit, ist jetzt nicht mehr weit.
Wieh-nachts-zyt, Wieh-nachts-zyt, schönsch-ti won es git.

Al-le Kin-der gross und klein freu-en sich aufs Christ-kind-lein.
Al-li Chin-der gross und chly, fröi-e sich scho lang druf hi.

Weih-nachts-zeit, Weih-nachts-zeit, ist jetzt nicht mehr weit.
Wieh-nachts-zyt, Wieh-nachts-zyt, schönsch-ti won es git.

2. Jesus Christ, Jesus Christ,
unser lieber Heiland ist.
Jesus Christ, Jesus Christ,
unser Heiland ist.
Kommt zur Erde arm und klein,
hilft uns allen glücklich sein.
Jesus Christ, Jesus Christ,
unser Heiland ist.

Schweizer Mundart
2. Jesus Chrischt, Jesus Chrischt,
üse liebe Heiland isch.
Jesus Chrischt, Jesus Chrischt,
üse Heiland isch.
Chunnt uf d'Ärde arm und chly,
dass mir chönne glücklech sy.
Jesus Chrischt, Jesus Chrischt,
üse Heiland isch.

Herkunft unbekannt

**Wir sagen euch an den lieben Advent/
Mir säged öi a de liebi Advänt**

Dieses Lied begleitet besonders sinnbildlich durch die vier Adventssonntage. An jedem Sonntag wird – entsprechend der Kerzenzahl am Adventskranz – eine neue Strophe erweitert und gesungen.

V 1. Wir sa-gen euch an den lie-ben Ad-vent. Se-het, die
Wir sa-gen euch an 'ne hei-li-ge Zeit. Ma-chet dem
V 1. Mir sä-ged öi a de lie-bi Ad-vänt; lue-ged die
Mir sä-ged öi a e hei-li-gi Zyt; ma-ched fürs

ers-te Ker-ze brennt. A 1.-4. Freut euch, ihr Chris-ten,
Herrn die Wege be-reit.
ersch-ti Cher-ze brännt! A 1.-4. Fröi-ed öi al-li,
Wieh-nachts-chind öi wyt!

freu-et euch sehr! Schon ist na-he der Herr.
la-ched öi a, lönd en Stärn uf gaa!

2. Wir sagen euch an den lieben Advent.
Sehet, die zweite Kerze brennt.
So nehmet eins um's andere an,
wie auch der Herr an uns getan.
Freut euch ihr Christen, freuet euch sehr!
Schon ist nahe der Herr.

3. Wir sagen euch an den lieben Advent.
Sehet, die dritte Kerze brennt.
Nun tragt euer Güte hellen Schein
weit in die dunkle Welt hinein.
Freut euch ihr Christen, freuet euch sehr!
Schon ist nahe der Herr.

4. Wir sagen euch an, den lieben Advent.
Sehet, die vierte Kerze brennt.
Christ selbst wird kommen, er zögert nicht.
Auf, auf ihr Herzen, ... werdet Licht!
Freut euch ihr Christen, freuet euch sehr!
Schon ist nahe der Herr.

Schweizer Mundart

2. Mir säged öi a de liebi Advänt;
lueged, die zweiti Cherze brännt!
So rucked ums Flämmli nöch zunenand;
nämed öi lyslig bi der Hand!
Fröied öi alli, lached öi a, lönd en Stärn
uf gaa!

3. Mir säged öi a de liebi Advänt;
lueged, die dritti Cherze brännt!
Lönd lüchte dur d'Nacht de Cherzeschii;
nume-n-im Liecht gaat d'Angscht verby!
Fröied öi alli, lached öi a, lönd en Stärn
uf gaa!

4. Mir säged öi a de liebi Advänt;
lueged, die vierti Cherze brännt!
De Fride-n-isch hell, de Fride-n-isch fyn;
Fride-n-isch gnau wie Cherzeschii.
Fröied öi alli, lached öi a, lönd en Stärn
uf gaa!

Text Hochdeutsch: Maria Ferschl, Text Mundart: Thomas Schnellmann (inkl. ©).
Melodie: Heinrich Rohr.
© Christophorus Verlag, Freiburg i. Br.
Für ältere Kinder passt das schöne Lied »Macht hoch die Tür«, es findet sich in jedem Kirchengesangbuch.

6. Dezember

NIKOLAUS

Nikolaus von Myra
(Wandmalerei 16. Jh., San Bernardo bei
Monte Carasso)

Einführung

Am 6. Dezember feiern wir das Fest zu Ehren des Bischofs Nikolaus. Heute ist es in vielen Ländern Brauch, dass er die Kinder beschenkt.
Ähnlich wie Sankt Martin galt Sankt Nikolaus historisch als »apostelgleich«. Er gehört wie Martin zu den ersten Nichtmärtyrern, die zu »Heiligen« (lat. sanctus = heilig) gemacht wurden. Anders als dieser wurde Nikolaus jedoch sowohl in der West- als auch in der Ostkirche hochverehrt. Sein Name bedeutet Volkssieger (von griechisch niké = Sieg und laos = Volk). Nikolaus ist noch heute in fast allen christlichen Ländern der bekannteste und beliebteste Volksheilige (vor allem in der griech. – orth. Kirche), wenn auch meist in einer verweltlichten und von der Werbung arg strapazierten Form.

Historisches

Die Spuren des Bischofs Nikolaus, über den seit dem 6. Jh. Legenden auftauchen, führen zu unterschiedlichen historischen Personen. Wahrscheinlich ist es eine Verschmelzung verschiedener Überlieferungen und Legenden zu einer einzigen Figur. Am bekanntesten ist der Bischof Nikolaus von Myra (heute Demre in der Türkei) im kleinasiatischen Lykien, der im 4. Jh. gelebt hat. Er soll in Griechenland (Patras) geboren sein und sein Todestag wird auf den 6. Dezember datiert, historisch zu belegen sind diese Angaben allerdings nicht. Neben ersterem Nikolaus steht der gleichnamige Abt von Sion, der später Bischof von Pinora wurde und am 10. Dezember 564 in Lykien gestorben ist. Die schriftlichen Überlieferungen über den älteren Nikolaus wurden um die Jahrtausendwende mit denen des jüngeren Nikolaus ergänzt. Der Historiker David Price-Williams vermutet die Ursprünge einer Nikolausverehrung sogar bei dem auf der Insel Gemili geborenen Osios Nichalauis, welcher unter Kaiser Diokletian gefoltert und ermordet wurde. Eine bewiesene historische Gestalt ist für Eltern und Unterrichtende wohl weniger von Bedeutung als der Inhalt der Legende. Die Geschichte führt unseren Kindern einen Menschen vor Augen, der in beeindruckender Christusnachfolge gelebt hat und dessen Handeln wir uns selbst zum Vorbild nehmen können.

Brauchtum

Auf Grund der Namenshäufigkeit »Nikolaos« vermutet man die Anfänge des Nikolauskultes in der Ostkirche schon im 5. Jh., die älteste, bis jetzt bekannte Aufzeichnung der Legende entstand um 500. Die grösste Anerkennung erfuhr Nikolaus im 8. Jh. in Russland, dessen Landespatron er bis heute geblieben ist. Bereits im 7. und 8. Jh. war das Nikolausbrauchtum auch im Westen verbreitet. Der Kult um Nikolaus erreichte seinen Höhepunkt jedoch erst ab dem 10. Jh., gefördert durch die griechische Ehefrau des Kaisers Otto II. Fortan wurde das Gabenfest des Martinstags (11. November) nach und nach durch die Bescherung am Nikolaustag, dem 6. Dezember, verdrängt.

Die heutige Form des Festes geht auf das so genannte Bischofsspiel zurück, welches in Klosterschulen seit dem 13. Jh. am 6. Dezember (vorher am 28. Dezember, dem Tag der unschuldig durch Herodes umgebrachten Kinder) begangen wurde: Ein Schüler wurde an diesem Tag zum Bischof oder Abt gewählt, stand Kloster und Schule vor und durfte auch Beschwerden den Lehrern gegenüber vorbringen oder die Erwachsenen durch seinen Knecht betrafen lassen. (Also war die Vorgangsweise genau umgekehrt wie heute, wo der Bischof Nikolaus die Kinder tadelt und Knecht Ruprecht die Strafrute bringt.) Dieser Kinder-Bischof zog, auf einem Esel sitzend, mit den anderen SchülerInnen von Tür zu Tür und erbat Spenden für die Schule. Die zunehmenden Ausschreitungen während der Umzüge und die reformatorische Kritik führten ab dem 15./16. Jh. zum langsamen Niedergang dieses Brauches. Im Zuge der Gegenreformation wurde aus dem verkleideten Kinder-Bischof der »echte« Bischof Nikolaus, der als Kinderfreund die Kinder besuchte, sie befragte (oft über den Katechismus) und je nachdem belohnte oder bestrafte. Wo er nicht selbst in Erscheinung treten konnte, hängte man in Anlehnung an die Jungfrauen-Legende Strümpfe am Kamin auf, richtete Gabenteller oder stellte Schuhe vor die Tür (mit Futter für den Esel des Nikolaus, das durch »Futter« für die Kinder ersetzt wurde).

Im 14./15 Jh. wandelte sich das Nikolausfest von einem öffentlichen Spiel vielerorts zu einem Familienbrauch. Angetan mit einem Bischofsgewand (oder rotem Kapuzenmantel), Mitra und langem Bart, zieht der Nikolaus noch heute von Haus zu Haus und beschenkt die Kinder. Er tritt traditionsgemäss am 6. Dezember auf (der 6. Dezember ist als Festtag bereits im 9. Jh. schriftlich erwähnt), in einigen Ländern auch an Weihnachten. Der Grund liegt vermutlich darin, dass der Reformator Luther im 16. Jh. den Schenkbrauch vom 6. Dezember auf Weihnachten verlegte, um der übertriebenen Heiligenverehrung einen Riegel vorzuschieben und die Christgeburt ins Zentrum zu rücken. Dabei wurde der Nikolaus mancherorts ungewollt mittransportiert. Oft wird Nikolaus von einer dunklen Gestalt, dem Knecht Ruprecht (Schmutzli heisst er in der Schweiz, Krampus in Österreich, Pelzmärtel/Aschenklas in den Niederlanden oder Hans Muff/Trapp in Deutschland) begleitet, welcher die Kinder erschreckt oder bestraft. Er bringt Kette und Rute mit und verkörpert die von Nikolaus gezähmten, in Dienst genommenen wilden und bösen Kräfte. Diese leben, wie die moderne Psychologie aufgezeigt hat, in jedem Menschen als Schattenseiten und müssen ebenfalls erkannt und »gezähmt« werden.

Die vormals vorchristlichen Narrenbräuche und Rituale zur Dämonenabwehr vermischten sich mancherorts mit dem Nikolausbrauchtum. Ursprünglich handelte es sich beim Knecht Ruprecht um vermummte Gestalten, welche – oft mit Teufelsmasken und Lärminstrumenten versehen – in den dunklen Winternächten die bösen Geister (die schiachen oder rauhen Perchten) vertreiben sollten.
Der heute weltbekannte Weihnachtsmann oder Santa Claus mit pelzbesetztem, rotem Kapuzenmantel entstand aus einer Vermischung von Bischof Nikolaus und Knecht Ruprecht (oder Pelzenickel und Väterchen Frost).
In welcher äusseren Form (Bischofskleidung oder Kapuzenmantel) der Nikolaus jeweils auftreten mag, spielt sicher weniger ein Rolle. Wichtig ist die Botschaft, die wir Kindern dazu vermitteln. Das Spektrum reicht von einer verkitschten, inhaltslosen Disneyfigur bis zum Vorbild einer heiligen und verehrungswürdigen geistlichen Autorität.

Kunst

In der östlichen Kultur wurde Nikolaus fast immer als älterer Bischof dargestellt, meist kahlköpfig, mit kurzem bis langem Bart und der zum Segnen leicht geöffneten Hand mit ausgestrecktem Daumen, Zeige- und Mittelfinger. Später trägt er, besonders in westlichen Bildnissen eine hohe Kopfbedeckung, die bischöfliche Mitra. Seine Attribute sind das Buch (die Bibel), drei goldene Kugeln/Taler (als Sinnbild für das Geld, welches er den armen Jungfrauen geschenkt hatte), ein Anker (der an das Schiff erinnert, das Nikolaus aus der Seenot errettet haben soll) und der Bischofsstab. Eine häufige Nikolausdarstellung ist auch die Erweckung der drei getöteten Schüler im Fass. Ab dem 16./17. Jh. wurden die sakralen Darstellungen des Heiligen durch profane abgelöst (im Zuge der Reformation schwand die Bedeutung der Heiligenverehrung) auf denen volkstümliche Bräuche im Zusammenhang mit dem Nikolaus dargestellt sind.

Leitmotive

Streben nach Erkenntnis und Einsicht. Schenken, beistehen und ermutigen.

Sinnbilder

Das Buch
Das Nikolausbuch ist Sinnbild für das goldene Buch der Weisheit, eine Art Weltenchronik, in welchem alles Geschehen in objektiver Weise festgehalten ist. Einen Ausschnitt dieser »Dokumentation« erfährt jeder Mensch nach dem Sterben beim Betrachten seines »Lebensfilms«, wie wir es aus Berichten von Nahtoderfahrungen wissen. Dabei kann man sich von aussen erleben und so besser erkennen, was einem selbst und der Umwelt zum Segen gereichte oder nicht. Der Nikolaus liest den Kindern aus diesem Buch vor und bemüht sich deshalb, möglichst objektive, nicht wertende Tatsachen darzustellen: Beispiel: »Du bist ein liebes Kind«, ist eine wertende Aussage, besser ist die Formulierung »Ich habe beobachtet, dass du deiner Mutter jeden Tag beim Tischabräumen hilfst, das freut sie.«

Der Gabensack
Die Schöpfung ist reich an verschiedenen Gütern – aber nicht alle haben von allem. Wir wollen einander von dem geben, was wir selber haben, teilen, zur Freude und zur gegenseitigen Bereicherung.

Einstimmungs-Festtag

Der Nikolaustag bildet in Mitteleuropa heute den wichtigsten Festtag im Advent, in den nordischen Ländern, vor allem in Schweden ist das Fest der Lichtträgerin Lucia noch wichtiger.
Beide Feste haben Hinweischarakter, sie wollen uns auf das grosse Fest einstimmen, auf Weihnachten hinführen. Sie verdienen es, gebührend gefeiert zu werden, ohne jedoch – was oft praktiziert

wird – die Weihnachtsbotschaft kommerziell zu verdrängen. Mancherorts kommt der Nikolaus als Weihnachtsmann erst am 25. Dezember und nimmt als Gabenonkel viel mehr Raum ein als der Geburtstag des Christkindes. Sinnvollerweise sehen wir deshalb im Nikolaus und in der Lichtträgerin Lucia Vorboten des Jesuskindes. Auch missbrauchen wir Nikolaus nicht – wie es früher oft geschah – als moralisierende oder gar drohende Erziehungshilfe. Wer früher beispielsweise nicht genügend Gebete gelernt hatte (diese wurden auf dem so genannten Kerb- oder Betholz eingekerbt) erhielt keine Gabe oder wurde gar im Nikolaussack in den dunklen Wald mitgenommen. Hingegen darf der Nikolaus als wohlwollende aber auch gütig mahnende oder liebevoll ermunternde Gestalt eingesetzt werden, die sich an den guten Willen der Kinder wendet. In seinem ehrwürdigen alten, »goldenen« Buch ist alles Geschehene eingeschrieben, auch von uns Erwachsenen. Manches würden wir sehr gerne ungeschehen machen. Das geht leider nicht. Aber wir können das Leben rückwärts blickend (= im Buch lesend) verstehen; leben hingegen müssen wir es vorwärts. Wir dürfen Fehler machen, denn leben heisst lernen. Der Nikolaus verurteilt also nicht, sondern ermutigt und versucht aufzuzeigen, was oder wie allenfalls etwas verändert werden könnte.

Jahreszeiten-Tisch

Der Nikolaus ist mit Sicherheit ein heiss geliebtes Motiv vieler Kinderzeichnungen, die einen Ehrenplatz über dem Jahreszeiten-Tisch erhalten. Darunter steht vielleicht ein selbst gestalteter Nikolaus: z. B. eine einfache WC-Papierrollenfigur (Anleitung S. 85) oder eine Krippenfigur, die mit einem roten Mantel und gegebenenfalls einer Mitra bekleidet ist. Ein dunkelgrünes Tuch und Tannenzweige als Hintergrund können den Wald andeuten. Auch ein aufgeschlagenes Bilderbuch, dessen Seiten mit einer kleinen Wäscheklammer zusammengehalten wird, leistet gute Dienste.

Die Nikolausspende

Auf dem Jahreszeiten-Tisch findet auch ein schön assortiertes Körbchen, ein Jutesäckchen oder eine selbst verzierte Kasse Platz, in die wir unsere Nikolausspende legen. Ein besonderer Anreiz für Kinder könnte es sein, dass jede Kindergabe jeweils von den Eltern verzehnfacht wird. Das Geld kann an eine wohltätige Institution weitergeleitet werden und hilft somit dort, wo Menschen Unterstützung nötig haben.

Esstisch

Nikolausäpfel, Tannenzweige, Stechpalmen, goldene Nüsse, Lebkuchen, Mandarinen u. ä. passen auf den Tisch. Ganz besonders festlich wirken selbst hergestellte Nikolaustüten (Anleitung S. 67) in allen Farben. Wenn dann am Nikolausabend das elektrische Licht ausgeht und die Kerzen angezündet werden, vermittelt die feierliche Stimmung einen schönen Vorgeschmack auf das Weihnachtsfest mit Lichterglanz am Tannenbaum.

Backen

Brotmänner (Kläuse aus Butterzopfteig)
Die gebackenen Brotmänner gehören zum Nikolaustag. Den Teig können wir zusammen mit den Kindern herstellen: Alle guten Wünsche für uns und unsere Gäste kneten wir mit hinein. Mit grossem Vergnügen formen Kinder ihren Nikolaus selbst (warum nicht auch Nikolaus-Frauen, einen Esel und andere Tiere oder weitere Gebilde, wie z. B. die Sternzeichen der Gäste?). Mit diesen frisch gebackenen, herrlich duftenden Zopfteigbroten werden die Teller geschmückt. Dazu gibt es Butter, feinen Honig, selbst gemachte Konfitüren, verschiedene Käsesorten ... alles, was das Herz begehrt.

Lebkuchen (Pfefferkuchen, Honigkuchen)
Im Leb-Kuchen versteckt sich das Wort Leben/Leib. Dieses sehr alte Gebäck wurde immer aus kostbaren Zutaten hergestellt, welche den Leib stärken und das Überleben der dunklen Winterzeit erleichtern sollten: Weizen, Honig und viele heilsame, den Organismus durchwärmende Gewürze (Zimt, Nelken, Muskat, Pfeffer, Kardamom, Anis). Sie galten früher als Kostbarkeit und waren nur in Apotheken erhältlich. Es gibt viele Lebkuchenvariationen. Das folgende, einfache Rezept ist zum Backen mit Kindern geeignet. Es wird ohne Triebsalz hergestellt, das man üblicherweise für Lebkuchen verwendet. Dies hat den Vorteil, dass der Teig am gleichen Tag verarbeitet werden kann (mit Triebsalz muss er mindestens einen Tag kühl gelagert werden und riecht beim Backen unangenehm nach Ammoniak). Auch enthält das Rezept keine Butter, keinen Rahm, kein Fett. Die gebackenen Lebkuchen können deshalb sehr lange aufbewahrt werden (ideal zum frühzeitigen Herstellen von Geschenken, Tischdekorationen, Christbaumschmuck u. a. m.).

Einfaches Lebkuchenrezept

*500 g Honig flüssig
oder Birnendicksaft
1 Tasse Zucker
2 Prisen Salz   gut vermischen
3 EL Lebkuchengewürz
2 EL Kakao
(färbt den Teig braun)
1 Tasse Wasser (ca. 2 dl)*

*1 kg Mehl   darunter kneten
2 Beutel Backpulver
(ca. 36 g)*

*Tipps:
Ein besonders sinnliches Erlebnis für Kinder ist es, wenn sie das Lebkuchengewürz selber herstellen und riechen dürfen. Für obige Teigmenge mischt man folgende Gewürze: 2 EL Zimt, 1 EL Anis, 2 Prisen Nelken-, 2 Prisen Muskat-, 2 Prisen Kardamom-Pulver, 2 Prisen gemahlenen Pfeffer (evtl. mit den Kindern im Lexikon nachlesen aus welchen Ländern die Gewürze stammen, wie die Pflanzen aussehen und aus welchen Teilen sie gewonnen werden).
Falls die Lebkuchen verfeinert werden sollen und bald gegessen werden, kann man an Stelle des Wassers 2 1/2 dl Rahm verwenden.*

*Verarbeitung: Auf reichlich Mehl 1/2 bis 1 cm dick auswallen, Formen ausstechen oder schneiden: Sterne, Herzen, Tännchen, Nikoläuse, Lebkuchenhaus (bei Bedarf Kartonschablonen vorbereiten); ergibt 2-3 grosse Backbleche.
Backen: bei 220° C ca. 10 Min. im oberen Drittel des Backofens.*

Garnitur: Puderzucker mit wenig Wasser mischen, bis eine dicke Paste entsteht (= Klebemittel für die Dekoration). Die gebackenen Formen ganzflächig bestreichen. Das Bestreichen der einzelnen Teile mit dem Backpinsel ist für kleine Kinder zu schwierig, wir helfen dabei. Mit Mandeln, Hasel-, Baum-, Cashewnüssen, Pinienkernen, Pistazien, Kürbis- und

Sonnenblumenkernen, Mohn- und Sesamsamen, Silberkügelchen und anderem Zuckerwerk verzieren wir nach Belieben.

Muster und Schriften aus Zuckerguss: Aus einem Backtrennpapier eine Tüte formen und seitlich zukleben; die vorderste Spitze abschneiden, sodass ein kleines Loch entsteht; Zuckerglasur in die Tüte füllen und beim Herausdrücken Formen zeichnen.

Spekulatius

Spekulatius war ursprünglich ein typisches Nikolausgebäck und wurde nur zu Ehren des Bischofs von Myra hergestellt. Die Römer nannten ihren Bischof lateinisch »speculator«. Damit bezeichneten sie einen Menschen, der auf dem Weg des beschaulichen Nachdenkens und der Innenschau nach Erkenntnis strebte. Bei der Besiedelung Mitteleuropas durch Legionäre (römische Soldaten) und ihre Familien wurde das Spekulatius-Gebäck auch bei uns verbreitet. Der Teig wurde mittels eines grossen Holzmodels (Spekulatiusbrett) mit eingeschnittenen Nikolaus-Motiven verziert. Später kamen weitere weihnächtliche Figuren dazu, die Model und Kekse wurden kleiner.

Spekulatius-Rezept

250 g Butter	weich rühren
250 g Zucker	dazugeben, gut einrühren
2 Eier	
2 Zitronenschalen abgerieben	
2 TL Zimt	
2 Pr. Nelkenpulver	
2 Pr. Kardamom	beifügen
500 g Mehl	darunter kneten
2 TL Backpulver (ca. 18 g)	und ca. 2 Std. kühl stellen

Verarbeitung: Den Teig ca. 4 mm dick auswallen, Model aufdrücken, ausschneiden. An Stelle des Models können beliebige Formen ausgestochen und mit einer Gabel verziert werden (Lochmuster). Backen: Bei 220° C während 6-8 Min. in der Mitte des vorgeheizten Ofens.

Nikolaus-Besuch

Vorbereiten und gestalten

Es ist empfehlenswert, den gewünschten Nikolaus, der seinen Besuch in der Familie oder Schule abstatten soll, frühzeitig anzufragen.

Kleinen Kindern kann man vor dem Festtag eine Nikolaus-Legende erzählen und erklären, dass auch heute noch viele Menschen den Nikolaus zum Vorbild nehmen und gerne in seine Rolle schlüpfen, um ihn auf Erden zu vertreten. Man muss nicht in jedem Fall verraten, dass man ihn persönlich herbestellt hat – eine geheimnisvolle Aura darf beabsichtigt sein. Er kommt als Freund der Kinder und Helfer des richtigen Nikolaus. Mit Vorteil verzichtet man darauf, den Nikolaus als echten, himmlischen Boten darzustellen, um später, wenn die Kleinen das märchenhafte Spiel einmal durchschauen, nicht Misstrauen gegenüber wirklichen, geistigen Realitäten aufkommen zu lassen. In katholischen Gebieten tritt meistens ein Nikolaus in Bischofskleidern und Mitra auf, in reformierten kommt er im roten Kapuzenmantel. Kostüme und Bärte sind preisgünstig zu mieten oder zu kaufen. Dazu braucht es einen Jutesack für die Gaben, ein wohlklingendes Glöckchen, den Wander- bzw. Bischofsstab, warme Handschuhe und hohe Stiefel, mit denen der Nikolaus durch den Schnee stapfen kann. Wer weiss, vielleicht bringt der Nikolaus sogar einen Esel mit? In nördlichen Gegenden ziehen Rentiere, Hirsche oder weisse Pferde den himmlischen Nikolausschlitten. Mancherorts werden die Gaben durch den Kamin ins Wohnzimmer hinuntergeworfen.

Das wichtigste Attribut des Nikolaus ist sicherlich sein dickes, schweres, mit Goldpapier eingefasstes Buch, denn Gold symbolisiert die Weisheit. Die Notizen über die Kinder, evtl. auch über die Eltern oder Unterrichtspersonen, schreibt man gross und gut leserlich mit Namen auf einzelne Zettel, welche mit Büroklammern auf verschiedenen Seiten des Buches befestigt sind. Ein kluger Nikolaus führt mit den Kindern ein freundliches Gespräch, bei dem sie selber über ihre Erlebnisse erzählen und Verbesserungsvorschläge machen dürfen. Gelegentlich stellt er eine Frage und liest aus seinem Buch vor. Manchmal gibt er auch den Eltern oder Lehrern einen guten Ratschlag. Neugierige Kinder wollen wissen, wie der Nikolaus zu seinen Informationen kommt. Da gibt es verschiedene Möglichkeiten der Erklärung: Er hatte Gelegenheit, die Kinder von ferne zu beobachten. Er hörte es von den Eltern oder Lehrern (die er vorher fragte). Engel haben es ihm zugeflüstert oder in sein goldenes Buch geschrieben. Anschliessend dürfen die Kinder Verse und Gedichte aufsagen und werden beschenkt. Zum Abschluss kann man dem Nikolaus ein Lied singen oder auf einem Instrument etwas vorspielen. Wenn der Nikolaus nicht selber vorbeikommen kann, finden die Kinder ihre Bescherung im Stiefel (ausgediente Schuhe können von Kindern als wieder verwendbare Nikolausstiefel bunt bemalt werden) vor der Tür oder evtl. in einem grossen Wollstrumpf beim Kamin. Vielleicht ist ein Brieflein des Nikolaus dabei?

Literaturtipp: Aloys von Euw: Sankt Nikolaus begegnen. Ein Werkbuch, rex verlag luzern, 1994.
Für Kindergarten und Familie.

Die Nikolaussäcklein

Man näht sie aus Jute, bedruckter Baumwolle, oder – ganz festlich – aus rotem Samt. Gefüllt sind sie mit den Gaben des Herbstes, welche sinnbildlich als Wegzehrung bis Weihnachten verstanden werden können. Sie sollen Leib und Seele erfreuen, die Erkenntniskräfte und den guten Willen stärken. Vorschlag zum Füllen: Verschiedene Nüsse (Mandeln, Haselnüsse, Walnüsse, Paranüsse, Erdnüsse, Pistazien evtl. noch in der harten Schale lassen zum gemeinsamen Tasten, Rätseln und Knacken), gedörrte Früchte (Rosinen, Datteln, Feigen, Zwetschgen, Aprikosen, Bananen, Birnen, Äpfel) und Mandarinen, Lebkuchen sowie einige goldene Schokoladetaler, die ans Teilen des Bischofs Nikolaus erinnern sollen. Die Säcklein können wir beim Zubinden mit einem Tannenzweiglein, einem roten Band und einem goldenen Glöckchen versehen. Es kann uns mit seinem hellen Klang die Weihnachtsfreude einläuten und uns zugleich an die guten Worte des Nikolaus erinnern.

Kreative Gabendekoration/Mandalateller:
Mit Nüssen und Dörrfrüchten können Kinder dekorative Mandalas legen, was besonders schön wirkt auf Goldtellern aus Papier oder Metall; evtl. mit einem brennenden Teelicht in der Mitte und Tannenzweiglein als Umrandung (z. B. spiralförmig unter den Tellerrand schieben).

Dörrfruchtzwerge und Tiere:
Aus unterschiedlichen Dörrfrüchten lassen sich mit Hilfe von Zahnstochern fantasievolle Figuren zusammenstecken.

Schülerbischof heute

In Anlehnung an das alte Bischofsspiel (beschrieben im Abschnitt Brauchtum) könnten wir den Nikolaustag auch einmal zum Anlass nehmen, um von unseren älteren Kindern oder Schülern und Schülerinnen eine Rückmeldung entgegenzunehmen. Sie sollen uns frei und offen sagen dürfen, was sie stört, ärgert oder was schwierig ist im Umgang mit uns ... aber auch, was sie besonders schätzen, was ihnen lieb und wichtig ist an uns. So vermitteln wir Kindern, dass wir sie ernst nehmen und auch bereit sind, über unser Verhalten nachzudenken. Wir wollen gemeinsam daran arbeiten, lernen – in Gemeinschaft mit ihnen und allen Menschen – und einander gegenseitig unterstützen.

Gestalten

Apfelnikolaus
Wir brauchen einen rotbackigen, glänzend geriebenen Apfel, auf den wir mit Hilfe eines Zahnstochers eine Baumnuss als Kopf stecken. Haar und Bart aus weisser Schafwolle oder Watte kleben wir auf die Nuss. Die Augen markieren wir mit 2 schwarzen Tupfen. Auf den Kopf setzen wir eine rote Bischofsmütze, die Mitra: Tüte formen, hinten mit Klebeband schliessen und aufsetzen.

Nikolaustüten
Der Bischofshut, die Mitra, versinnbildlicht die Würde und Weisheit, die wir unter dem Hut tragen (sollten). Wir finden ihn wieder in der Kopfbedeckung altiranischer Herrscher, der alttestamentlichen Hohepriester und im Märchen bei Zauberern und Zwergen. Dass im Norden der Nikolaus als Jul-Tomte (= Weihnachts-Zwerg) auftritt, ist deshalb gar nicht so abwegig. In Märchen und Sagen spielen Zwerge die unerkannt sein wollenden kleinen Helfer und weisen Ratgeber (wie Nikolaus in der Legende). Die mit Nikolausgaben gefüllten Seidenpapiertüten erinnern uns an diese Mitra, an die Erkenntnis und Einsicht, die durch Kontemplation (beschauliche Betrachtung) und Rückblick im Lebensbuch wachsen kann. Zur Herstellung unserer Tüten verwenden wir Seidenpapier in allen Farben (sinnbildlich für alle Aspekte der Weisheit ... jedem das Seine). Dazu brauchen wir Bienenwachs-Kerzen (das Licht, das uns aufgeht!) und Goldsterne zum Bekleben der Tüten.

Ecke umlegen und
Kerze darauflegen

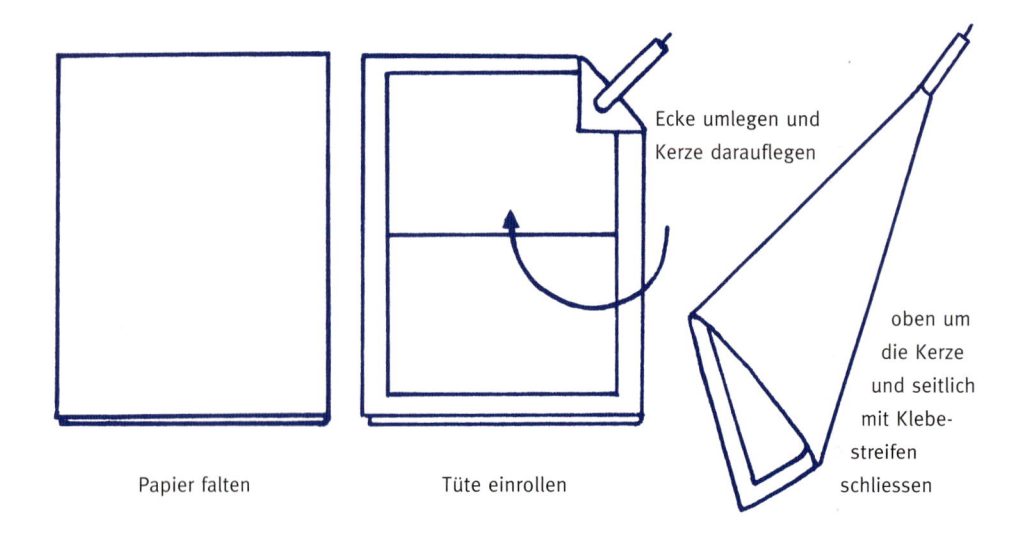

oben um
die Kerze
und seitlich
mit Klebe-
streifen
schliessen

Papier falten   Tüte einrollen

Bastelanleitung:
Seidenpapier-Bogen (ca. 50 x 75 cm) in der Mitte falten; zwei weisse A4 Papiere auf der Längsseite aneinanderkleben und auf das zusammengefaltete Seidenpapier legen (= Verstärkung). Eine Ecke ca. 10 cm umlegen, Bienenwachs-Kerze darauflegen und das ganze Papier mitsamt der Kerze zu einer Tüte einrollen; oben ein Stück Klebestreifen rund um die Kerze und das Seidenpapier wickeln; die Seitenöffnung mit kleinen Klebestreifenstückchen schliessen; die Tüte zuletzt mit selbstklebenden Goldsternen verzieren.

Füllung:
Spanische Nüsse/Erdnüsse, Kekse, Mandarinen, Äpfel, Schokolade, Bonbons ... je nach Vorliebe, aber nicht die gleiche Füllung wie im Nikolaussack, damit dieser etwas Besonderes bleibt. Vielleicht haben Eltern oder LehrerInnen Zeit, für jedes Kind einen guten Wunsch oder Spruch aufzuschreiben und diesen Zettel mit in die Tüte zu packen. Als Abschluss legen wir einen runden Lebkuchen dazu. Dann schliessen wir die Tüte mit Klebstreifen; auf diesem Lebkuchen-Boden kann die gefüllte Tüte gut stehen.

Am 6. Dezember oder bei passendem Unterrichtsanlass steht an jedem Platz eine andersfarbige Tüte, deren Kerzlein zum gemeinsamen Essen entzündet werden. Diese festliche Runde bildet den Höhepunkt in der Adventszeit.

Vorlesen/Erzählen

– Jakob Streit: Sankt Nikolaus. Verlag Freies Geistesleben & Urachhaus, Stuttgart 1990.
Ausführliche Legendenfassung in 15 kurzen Kapiteln, mit schwarzweissen Bildern.

– Josef Quadflieg/Renate Fuhrmann: Nikolaus von Myra, Patmos Verlag, Düsseldorf 2001. Bilderbuch (ab 8 Jahren) über das Leben des Heiligen.

– Cornelia Möres: Mein erstes Buch vom Nikolaus. Herder Verlag, Freiburg 2005. Bilderbuch (ab 2 Jahren) mit kindgerechten Legenden über Bischof Nikolaus.

– Eleonore Schmid: Wach auf, Siebenschläfer, Sankt Nikolaus ist da. Nord-Süd Verlag, Gossau 1991.
Nikolaus besucht die Tiere und füttert sie.

– Wolfgang Bittner/Ursula Kirchberg: Felix, Kemal und der Nikolaus. Nord-Süd Verlag, Gossau 1996. Felix teilt seine Nikolausgaben mit Kemal, einem türkischen Jungen.

– Aloys von Euw: Sankt Nikolaus begegnen. rex verlag, luzern 1994.

– Aloys von Euw: Chum ine. Gedichtli zum Samichlaus. rex verlag, luzern 2003. Mundartgedichte.

Für Unterrichtende:
– Sabine Willmeroth/Melanie Göpner: Nikolaus. Verlag an der Ruhr, 2003.
Mit Arbeitsblätter für den Unterricht.

– Bilderbuch zur nachfolgenden Geschichte im Buch, S. 73.

Die Legende vom Sankt Nikolaus

Am 6. Dezember zieht Sankt Nikolaus mit seinem Eselchen und seinen Knechten durch Städte und Dörfer. Als erster Weihnachtsbote tritt er in eure Stuben, ermahnt und beschenkt euch. Er ist in einen weiten Kapuzenmantel gekleidet. Manchmal aber trägt er ein kostbares Gewand, eine hohe Mütze und hält einen goldenen Hirtenstab in der Hand. Wisst ihr weshalb? Wisst ihr, warum wir jedes Jahr das Nikolausfest feiern? Vor Zeiten lebte fern im Morgenland in der reichen Stadt Patara ein Knabe, der hiess Nikolaus. An einer bösen Krankheit waren ihm Vater und Mutter gestorben. Da weinte er Tag und Nacht. Seine Eltern hatten ihm grossen Reichtum hinterlassen: Gold und Silber, Edelsteine von seltener Pracht, Ländereien, Schlösser und Paläste. In seinem Stall standen schneeweisse Pferde. Schafe und Esel und viele andere Tiere gehörten zu seinem Besitz. Doch Nikolaus war so traurig, dass er sich darüber nicht freuen konnte. Er fühlte sich arm und von aller Welt verlassen. Treue Diener sorgten für ihn. Als sie seinen Kummer sahen, ratschlagten sie hin und her, wie er zu trösten wäre. Der Haushofmeister sprach: »Ich will Nikolaus durch seine Schlösser führen und ihm seine Schätze zeigen.« Der Stallmeister sprach: »Ich zäume den schönsten Schimmel auf und reite mit ihm durch seine Ländereien.« Der Küchenmeister sprach: »Ich decke den Tisch mit den goldenen Tellern und schmücke alles festlich. Dann bereite ich ihm und allen vornehmen Kindern der Stadt ein herrliches Mahl.« Doch Nikolaus wollte nichts von alledem wissen, schwieg und weinte. Da spürten auch die Tiere, dass er betrübt war. Sie drängten sich zu ihm. Die Tauben, die Katzen, die Pfauen, die jungen Schafe und das Eselchen trauerten mit ihm. Vom Weinen müde, wollte er sich schlafen legen. Da stiess er mit dem Fuss an einen

Tonkrug, in dem viele Schriftrollen steckten. Eine davon ergriff er und begann zu lesen. Ihm war, als sässe seine Mutter wie früher an seinem Bett und erzählte ihm aus dem Evangelium. – Da stand geschrieben:

»Es war einmal ein reicher Mann, der kleidete sich in Purpur und köstliche Leinwand und lebte herrlich und in Freuden. Es war aber ein Armer mit Namen Lazarus. Der lag vor seiner Tür, war bedeckt mit Geschwüren und begehrte sich zu sättigen von den Brosamen, die von des Reichen Tische fielen. Doch der Reiche gönnte sie ihm nicht. Es begab sich, dass der Arme starb. Er wurde von den Engeln in die himmlische Herrlichkeit getragen. Auch der Reiche starb. Doch es kamen keine Engel, um ihn zu holen.« »Gleiche ich nicht dem reichen Mann in der Geschichte?«, dachte Nikolaus. »Auch ich bin schön gekleidet und ich kann im Überfluss leben. Die Bettler draussen beim Stadttor habe ich vergessen. – Morgen will ich beizeiten aufstehen und mich nach ihnen umsehen!« Über diesen Gedanken schlief er ruhig und ohne Tränen ein. Als eben die Sterne erloschen, schlich er sich zum Palast hinaus. Die leeren Gassen kamen ihm fremd und unheimlich vor, und weil er zum ersten Mal allein unterwegs war, fürchtete er sich. Früher war stets die Mutter mit ihm gegangen, Diener waren ihnen gefolgt mit Speise und Trank, mit Salben, Tüchlein und Decken für die Armen.

»Nikolaus«, so hatte seine Mutter manchmal zu ihm gesagt, »wir sind zwar reich. Was wir aber besitzen, wollen wir teilen mit denen, die ärmer sind. Gott ist es, der uns alles gegeben hat. Auch seinen Sohn hat er uns geschenkt: Jesus, geboren im Stall zu Betlehem. Mit ihm ist Gottes Liebe in die Welt gekomen. Und weil wir uns darüber freuen, versuchen wir, andere Menschen froh zu machen.« Endlich erreichte Nikolaus das Stadttor. Dicht daneben, unter den Säulenbogen einer kleinen Kirche, fand er die Ärmsten der Stadt, zerlumpt, krank und elend. – Des Nachts lagen sie hier, denn sie hatten kein Obdach, und tagsüber bettelten sie beim alten Tor. Als sie im Schein der Laterne den reich gekleideten Knaben erblickten, streckten sie ihm ihre Hände entgegen. Nikolaus wollte in seine Taschen greifen. Doch an seinem mit Perlen bestickten Kleide gab es keine. Eilig löste er die schwere Goldkette vom Hals, zog den Ring vom Finger und gab beides hin. Er schlüpfte aus dem Obergewand und dem bunten Rock und verschenkte sie. Auch seine Sandalen mit den silbernen Schnallen streifte er von den Füssen. Da staunten die Bettler und lachten vor Freude. Nikolaus sprang hoch auf und eilte glücklich nach Hause. Eben stieg die Sonne auf und brachte die goldene Kuppel seines Palastes zum Funkeln. Im Garten dufteten die Blumen, die Vögel sangen, und im Laub leuchteten rote Granatäpfel. Nikolaus meinte, er hätte dies noch nie so schön gesehen. Sein Herz wurde leicht, seine Augen wurden hell. Auch die Tiere merkten, dass er wieder fröhlich war. Die Tauben gurrten, die Katzen schnurrten. Die Pfauen schrien und schlugen das Rad. Das Schäflein hopste lustig. Das übermütige Eselchen aber machte einen regelrechten Purzelbaum. Nikolaus liess in aller Eile seinen Schneider zu sich bringen und sprach: »Liebster Meister, wenn du mir noch heute auf meine Kleider grosse Taschen nähst, sollst du reich belohnt werden.« Der Schneidermeister schüttelte den Kopf. Es war nicht Brauch, dass man vornehmen Kindern Taschen auf die schönen Gewänder setzte. Weil aber Nikolaus so sehr darum bat, kletterte er dennoch auf den Tisch, kreuzte seine Beine, nahm Faden und Nadel zur Hand und begann zu arbeiten. Er schnitt und nähte den lieben langen Tag. Vergnügt schlüpfte

Nikolaus in seinen weiten roten Mantel und spazierte im Abendsonnenschein durch den Garten. Er schüttelte Nüsse von den Bäumen, pflückte Granatäpfel und Mandarinen und füllte damit seine neuen Taschen. Zum zweiten Mal an diesem Tag schlich er sich hinaus, schritt durch die vornehmen Strassen der Stadt, dorthin, wo in engen Gassen die Kinder der Armen herumhockten und spät noch spielten. Er griff in seine vollen Taschen, warf Früchte und Nüsse hoch auf und liess sie unter die hungrigen Kinder fallen. Die stürzten sich voller Freude auf all die herrlichen Dinge, und ehe sie sich umsahen, war Nikolaus verschwunden. Als er zu Hause anlangte, war er so müde, dass er sofort einschlief. Da erschien ihm im Traum seine Mutter.

Ihre Gestalt war von blendendem, hellen Licht umflossen. Ihr Gesicht leuchtete. Dreimal nickte sie ihm zu, lächelte und verschwand. Als Nikolaus erwachte, schlug sein Herz warm vor Glück. Die grosse Traurigkeit war von ihm genommen. Wenn Nikolaus wieder einmal traurig war, füllte er seine Taschen, bepackte sein Eselchen und zog zum Stadttor. Er führte die blinden Bettler an die Sonne, speiste die Hungrigen und beschenkte die Kinder. Froh kehrte er dann nach Hause zurück.

Mit zwölf Jahren wurde Nikolaus weit weg in eine Schule gebracht. Berühmte Lehrer unterrichteten ihn und unterwiesen ihn in der Heiligen Schrift. Als er einmal zu Hause weilte, erwachte er früh beim ersten Hahnenschrei. Ihm war als hätte jemand seinen Namen gerufen. Verwundert stand er auf und eilte durch den Garten. Da entdeckte er in der hohen Mauer, die sein ganzes Gut umschloss, einen breiten Riss und schaute in den Hof des Nachbarhauses. Der Mann, der dort wohnte, war edel von Geburt, doch arm an Geld und Gut. Er lebte mit seinen drei Töchtern in grosser Not. Weil diese überaus schön und lieblich waren, wünschten vornehme Jünglinge der Stadt, sich mit ihnen zu verheiraten. Die Mädchen wagten aber nicht, ihre Armut aufzudecken, aus Furcht, ihre Freier würden sie verlassen. Die jüngste Tochter war die allerschönste, und weil sie ein gutes Herz hatte, wollte sie ihren Schwestern helfen. Sie dachte daran, sich als Sklavin einem reichen Mann zu verkaufen. Gold und Silber sollte der Vater für sie bekommen. So könnte er den beiden anderen Töchtern ein Heiratsgut beschaffen. An diesem Morgen nun lag der Vater im Hof auf den Knien und klagte Gott mit lauter Stimme seinen Kummer. Nikolaus hörte ihn beten und erkannte, dass er hier helfen müsse. Er eilte ins Haus, öffnete seine Schatztruhe und griff hinein. Blitzendes Gold, leuchtende Smaragde und schimmernde Rubine nahm er zu sich. – Und diese ganze Pracht warf er über die Mauer. Wie vom Himmel fiel die Gabe auf die Steinfliesen des Hofes. Dem Vater war als träume er. Vom Klingeln der Goldstücke geweckt, traten die Töchter heraus. In der aufgehenden Sonne funkelte das Gold, die Edelsteine glühten. Da dankten sie Gott für das Wunder, das ihrer Not ein Ende bereitet hatte. Fröhlich rüsteten die Töchter sich zur Hochzeit und das Fest wurde mit Freuden gefeiert.

Nikolaus wuchs heran und Gott schenkte ihm ein verständiges Herz. Wo er Not und Elend sah, gab er mit vollen Händen. Doch er war darauf bedacht, das Gute im Verborgenen zu tun. Als er einmal zum Gottesdienst in die Kirche trat, wurden eben die Worte verlesen, die Christus zum reichen Jüngling gesagt hatte: »Willst du mir angehören, so verschenke alles, was du hast, und gib es den Armen. Komm und folge mir nach.« Über diese Worte hatte Nikolaus oft nachgedacht. Nun liessen sie ihn nicht mehr los. – Er rief den Haushofmeister zu sich und sprach: »Nimm mein Geld und Gut. Verkaufe was ich habe und gib alles den Armen. Sorge aber auch für meine alten Diener und Tiere. Denn ich will mich aufmachen und ins heilige Land ziehen, wo unser Herr gelebt hat.« Dann verliess Nikolaus alles, was ihm lieb war. Als Pilger bestieg er ein Schiff, das eben seine Segel aufzog, um gegen Osten zu fahren. Seine Tiere spürten, dass er nicht mehr da war, und wurden unruhig. Das Eselchen riss sich von der Krippe los, suchte nach seinem Meister und konnte ihn nirgends finden. Da liess es seine Ohren hängen und schrie jämmerlich. Nikolaus litt auf seiner Pilgerfahrt oft grosse Not. In allen Entbehrungen aber blieb er fröhlich und getrost. Er zog durch das Land und predigte das Wort Gottes. Vor allem sammelte er die Kinder um sich und erzählte ihnen die Geschichten der Bibel. Nach vielen Jahren erschien Nikolaus im Traum ein Engel und sprach: »Kehre heim in deine Heimat! Dort sollst du den Namen Gottes gross und herrlich machen.« In Myra, nicht weit von seiner Heimatstadt, war der alte Bischof gestorben. Die Christen trauerten um ihn, und niemand wusste, wer ihm nachfolgen sollte. Aber Gott sprach zum Ältesten der Gemeinde: »Wenn vor Anbruch des Sonntags das Mitternachtsglöcklein läutet, sollen sich alle Gläubigen in der Kirche versammeln und beten. Du aber hüte die Kirchentüre. Den ersten Menschen, der sich naht, sollt ihr zum Bischof weihen.«

Nun fügte es Gott, dass Nikolaus nach seiner Heimkehr in aller Frühe vor die Pforte trat. Als man ihn fragte, wer er sei, antwortete er: »Ich bin Nikolaus, ein Diener Christi.« Da führten sie ihn ins Gotteshaus und setzten ihn auf den Bischofsstuhl. Von allem Volk umjubelt, trat er wieder ins Freie. Vor der Türe stand sein altes, graues Eselchen. Es erkannte seinen Herrn, rieb den Kopf an seiner Schulter und schrie laut vor Freude. Von da an wurde es sein treuer Begleiter. Nikolaus sorgte für die Gläubigen wie ein Hirte sorgt für seine Schafe. Er schützte sie vor Verfolgungen des römischen Kaisers, der nicht duldete, dass man Christus als den Herrn der Welt pries und ihn anbetete. In Zeiten der Gefahr predigte Nikolaus den Christen an einsamen Orten und stärkte sie im Glauben.

Nach vielen Jahren begab es sich, dass eine grosse Hungersnot über das Land kam. Frost, Hagel und Hitze hatten Saat und Ernte vernichtet. Wenn Bischof Nikolaus herumzog, sah er Not und Elend. Der Hunger der Kinder jammerte ihn. Des Nachts lag er wach und bat Gott um Hilfe. Eines Morgens stieg Nikolaus in aller Frühe auf die Felsenklippen vor der Stadt. Da sah er im Dämmerlicht, weit draussen auf dem spiegelnden Meer, einen Zug stolzer Segelschiffe. Gott sprach zu ihm: »Fahre hinaus und halte diese Schiffe in meinem Namen auf. Sie sind voller Korn und Weizen.« Nikolaus tat wie ihm geheissen. Der Herr aber lenkte die Herzen der Schiffsleute. Sie brachten ihre ganze Ladung in Myra an Land. Nun begann Nikolaus auszuteilen. Das Volk strömte herbei. Die Kinder kamen in endlosem Zuge, er füllte ihre Körbe und Säcke. Bis zur neuen Ernte reichte der Vorrat. Niemand musste vor Hunger sterben, alle Menschen lobten und priesen Gott.

Wenn der Bischof Nikolaus von nun an durch die Strassen zog, kamen die Kinder gesprungen und umringten ihn. An seinem Geburtstag aber kleidete er sich in den kostbaren roten Bischofsmantel und nahm den goldenen Hirtenstab zur Hand. Dann schmückte er sein Eselchen mit einem klingenden Glockenspiel und lud ihm einen schweren Sack auf den Rücken. Der war gefüllt mit leckeren Dingen: mit roten Äpfeln, Nüssen und Mandeln, mit goldenen Mandarinen und süssen Honigkuchen. Nikolaus schritt durch die Strassen, warf seine Gaben unter die Menge und machte diesen Tag zu einem grossen Fest. Das hielt er so bis in sein hohes Alter. Und als die Stunde kam, da Gott ihn heimholen wollte, war er bereit zu sterben. Nur eines fiel ihm schwer – dass er sich von den Kindern trennen sollte ... Bischof Nikolaus starb am 6. Dezember des Jahres 352.

Zum Andenken an ihn nennen wir diesen Tag noch heute den Nikolaustag und feiern zur Freude aller Kinder das Nikolausfest.

Verena Morgenthaler: Die Legende von Sankt Nikolaus. Copyright © 1971 by Orell Füssli Verlag AG, Zürich.

Gedichte/Verse

Bischof Nikolaus

Vor vielen vielen hundert Jahr,
Sankt Nikolaus ein Bischof war:
Ein guter Helfer allen Leut',
deshalb kommt er zu uns bis heut.
Bringt den Kindern feine Sachen –
wie sich alle freuen, lachen!
Wir teilen miteinander, schnell,
so wird es auf der Erde hell!

Schweizer Mundart
Bischof Nikolaus
Vil hundert Jahr sy scho verby,
dr Samichlous isch Bischof gsi:
E guete Hälfer allne Lüt,
u drum chunnt är zu üs bis hüt.
Bringt de Chinder feini Sache –
wi sech alli fröie, lache!
Mir teile mitenander, gäll?
So wird es uf dr Ärde häll!

Eine schüchterne Frage
Sankt Nikolaus, du guter Mann?
Nicht wahr, dein Weg ist schrecklich lang,
zu den Kindern, zu den netten,
die so gern ein Säcklein hätten.
Gibst du mir auch etwas mit,
wenn ich artig darum bitt?

Schweizer Mundart
E schüüchi Fraag
Samichlaus, wie heschs du sträng!
Gäll, di Wäg isch schrecklech läng,
zu de Chinder, zu de nätte,
wo so gärn es Seckli hätte!
Säg mer, längts ächt ou für mi,
wenn i ganz e liebe(i) bi?

Lied

Ah, ah, ah, der Nikolaus ist da!/A, a, a, der Samichlous isch da!

1. Ah, ah, ah, der Nikolaus ist da!
1. A, a, a, der Sa-mi-chlous isch da!
Aus dem Wald da kommt er her, trägt den Sack, ganz dick und schwer.
Us em Wald, da chunnt er här, treit e Sack so dick und schwär.
Ah, ah, ah, der Nikolaus ist da!
A, a, a, der Sa-mi-chlous isch da!

Schweizer Mundart

2. Eh, eh, eh, sein Mantel ist voll Schnee!
S' Glöcklein bringt er auch gleich mit,
läutet fein bei jedem Schritt.
Eh, eh, eh, sein Mantel ist voll Schnee!

2. E, e, e, si Mantel isch voll Schnee!
Ds Glöggli bringt er ou grad mit;
s'bimbelet bi jedem Schritt.
E, e, e, si Mantel isch voll Schnee!

3. Oh, oh, oh, wie bin ich heute froh!
Nikolaus ist zu Besuch,
liest aus seinem grossen Buch.
Oh, oh, oh, wie bin ich heute froh!

3. O, o, o, da ghört me ne ja scho!
Samichlous chunnt zue nis z'Bsuech,
liest de us sim grosse Buech.
O, o, o, wi bi ni hüt so froh!

4. Ih, ih, ih, wie geht's euch allen, wie?
Fragt er, leert den Sack nun aus;
geht dann weg zum nächsten Haus.
Ih, ih, ih, was er heut brachte, sieh!

4. I, i, i, sit dir ächt liebi gsi?
Fragt er, lärt si Sack grad us;
geit de wyters um nes Hus.
I, i, i, der Chlous, dä isch verbi!

5. Uh, uh, uh, ein guter Mann bist du!
Schenken willst du nah und fern,
Kinder haben dich so gern.
Uh, uh, uh, ein guter Mann bist du!

5. U, u, u, oh Chlous, du guete du!
Chunnsch de wieder – so wie färn?
D'Chinder hei di alli gärn.
U, u, u, oh Chlous, du guete du!

Mündlich überliefert

13. Dezember

LUCIA

Lucia
(Carl Larsson)

Einführung/Historisches

Lucia trägt Licht und Hoffnung in die Dunkelheit der Welt. Sie zählt zu den weihnachtlichen Vorboten des Weltenlichts (wie Nikolaus, aber auch Engel und im Alten Testament z. B. der grosse Prophet Jesaja, welcher das zukünftige »Licht der Völker« verkündete).
Bereits in vorchristlicher Zeit wurde eine Lichtgestalt als allererste Vorbotin des Frühlings (des neuen Lichts und Lebens im Frühling) verehrt. In Rom wurde das Lucienfest im 6. Jh. nach Chr. aufgrund der Verehrung einer Märtyrerin namens Lucia, möglicherweise auch im Zuge der Einbindung alter, vorchristlicher Bräuche in die katholische Kirche eingeführt (in Lucias Geburtsstadt Syrakus in Sizilien feierte man den Tag schon seit 400 n. Chr.). Es verbreitete sich von Rom aus nordwärts bis nach Schweden. Der Name Lucia stammt vom lateinischen lux, was Licht bedeutet.
Die Nacht auf den 13. Dezember galt vor der gregorianischen Kalenderreform (1582) als längste und war als Mittwinternacht seit je mit Lichterbrauchtum verbunden. Eine altdeutsche Formulierung spricht von der »giperahta naht« = leuchtende Nacht.

Brauchtum

In Italien gedenkt man der heiligen Lucia mit Lichterumzugen und Volksfesten. In Mitteleuropa kennt man den Brauch des Lichterschwemmens, der vielleicht auf ein vorchristliches Lichtopfer zurückgeht: Schiffchen, die mit Naturmaterial oder leuchtenden Häuschen und Kerzen verziert sind, werden dem Fluss übergeben, der sie als Hoffnungslichter in die dunkle Winternacht trägt. Mancherorts werden in der Nacht auf den 13. Dezember Kerzen oder selbst gebastelte Lucienlichter auf die Fenstersimse gestellt. In Serbien und Kroatien sind mit dem Luciatag zahlreiche Bräuche verbunden. In Ungarn (siehe auch S. 80) ziehen verkleidete Kinder (Mädchen hell, Knaben dunkel) von Haus zu Haus und überbringen Segenswünsche zum Luciatag mit lustigen, selbst gedichteten Versen, für die sie kleine Gaben erhielten. In Deutschland und Schweden sät man am 13. Dezember Lucienweizen (wenn die Saat bis am Heiligabend aufging, kündigte dies nach alter Regel ein gutes Erntejahr an; bis 1913 hat man in Niederbayern an diesem Tag um gute Aussaat gebetet). In Schweden weckt die älteste Tochter mit einem Lichterkranz auf dem Kopf als Lucia-Braut frühmorgens die ganze Familie. Schon am Vorabend ziehen Lucien-Bräute durch die Strassen und besuchen Krankenhäuser, Schulen, Betagtenheime, Firmen usw. und verteilen »Lucia-Katzen« (Hefegebäck mit Safran). Das für den Luciafond von verschiedenen Institutionen gespendete Geld wird für Geschenke an einsame Menschen am 24. Dezember verwendet. Am Lucientag musste alle Arbeit ruhen, sonst konnte man bestraft werden. Es war wichtig, in der Luciennacht im Hause zu bleiben, um der Sage nach nicht in die Klauen des Teufels zu geraten.

Luciagestalt

Die Märtyrerin Lucia wurde 286 in Syracus in Sizilien geboren und starb 304 unter Kaiser Diokletian, dem Christenverfolger, weil sie keusch leben wollte und deshalb als Christin verraten wurde. Die Verehrung einer heiligen, Segen bringenden Lichtträgerin reicht jedoch sicherlich weiter zurück und knüpft an eine geistig-göttliche Wesenheit an, die unter vielerlei Gestalten überliefert wurde und variable Deutungen offen lässt. Im schwedischen Volksglauben betrachtet man sie als weibliche Entsprechung zum Teufel Luzifer (lat. lucifer = Lichtträger), der aus dem Himmel gestürzt wurde. Die schwedische Lucia wird als Lichtengel von sechs weiteren Engeln begleitet und erinnert damit an die aus der Bibel bekannten 7 Lichter als Erzengel um den Thron Gottes.

Man könnte die Lichtkronentragende jedoch auch als eine Art weibliche Christusfigur deuten. Je nach Gegend trägt diese Lichtgestalt unterschiedliche Namen: Lutzelfrau, Lussibrud/Lucienbraut, Pudelmutter, Butzenlutz ... Mancherorts hat sie auch strafende Züge in der Überlieferung angenommen: Sie schnitt Lügnern die Zunge ab, bestrafte schlampige Mägde und ungezogene Kinder. In Österreich tritt sie denn auch in Begleitung des Nikolaus als Nikoloweibl, Budelfrau, Bertha auf, an ihrem Festtag als weiss gekleidete Lutscherl oder Schnabelpercht. Sie steht hier in der Reihe von »Frau« (hier in der ursprünglichen Bedeutung von Herrin, Fürstin) Percht/Bertha (ahd. Perahta = die Leuchtende)/Holle/Frigg/Freya, welche in den Mittwinternächten bald segnend bald strafend (= Schönperchten) das Land durchzog. Damit steht sie im Gegensatz zu den nur Unheil stiftenden Dunkelmächten (= böse Perchten oder Schiachperchten, die eine wilde Jagd unter der Führung des Wotans/Teufels, begleitet von allerlei Ungeheuern veranstalteten). Lucia begegnet uns ebenfalls in der germanischen Lichtgöttin Eostra/Ostara, Göttin des Morgenrots, die den Frühling ankündigt. In der keltischen Überlieferung erscheint sie als Frau Holle (gemäss einem alten Märchen die himmlische Geliebte des Todes mit einer Sternenkrone auf dem Haupt), aber auch in der Johannes-Offenbarung (Kap. 1,1-17) als das »Weib im Himmel, angetan mit der Sonne und dem Mond unter ihren Füssen, und auf ihrem Haupte einen Kranz von 12 Sternen«. Die Bibel bezeichnet hier diejenige Lichtwesenheit, welche als Maria zur Welt kam und mit dem Jesuskind »den neuen Frühling«, »das Licht der Welt«, »das neue Leben«, die Erlösung an Ostern geboren hat. Die himmlische Lucia erscheint in der Mythologie verschiedentlich als eine Art Gegenspielerin zum gefallenen Lichträger Luzifer, weshalb der gestürzte Drache Luzifer ein offensichtlich dem Himmel treu gebliebenes »Weib« so grimmig bekämpfte und verfolgte (vgl. Off Kap. 12): »Und der Drache stand vor dem Weibe, das gebären sollte, um, wenn sie geboren hätte, ihr Kind zu verschlingen ... als der Drache auf die Erde geworfen war, verfolgte er das Weib, das den Knaben geboren hatte ... und der Drache ergrimmte über das Weib und ging hin Krieg zu führen mit den übrigen ihrer Nachkommenschaft, die die Gebote Gottes befolgten und das Zeugnis über Jesu festhalten.«

Ein ähnliches Motiv finden wir in der Lucialegende: Lucias heidnischer Bräutigam, den sie um Christi willen verschmäht, will sich an ihr rächen, indem er sie verrät.

Offensichtlich wurden verschiedene Züge bereits vorchristlicher Verehrung auf die historische Lucia übertragen. Beispiele: Lucia wurde als Patronin der Blinden und Kranken sowie der Weberinnen, Näherinnen und Dienerinnen betrachtet. In der Überlieferung (Märchen und Sagen) waltet Frau Holle über Spinnerinnen, Weberinnen und das Verhalten der Mägde. Sie wacht über das Augenlicht, d. h. sie kann sowohl blind machen, als auch von Blindheit heilen, also sehend und im übertragenen Sinn erleuchtet machen. Damit steht sie in der Tradition des grossen Heilengels Raphael (mit dessen Hilfe der blinde Tobit wieder sehend wird; Tobitgeschichte in der Bibel), der ebenfalls als Patron der Blinden und Kranken verehrt wird. Gemäss jüdischer Überlieferung bringt Raphael den Kranken in den frühen Morgenstunden (wenn die Morgenröte am Himmel steht, vgl. auch die Göttin Eostra/Ostara) Heil und Segen. Auch in Schweden beglückt Lucia die Familie frühmorgens mit Hoffnungslichtern, Speise und Trank.

Der Luzastuhl (Ungarische Legende)
Eine alte ungarische Geschichte weiss zu berichten, dass die Menschen früher vom Luzatag bis zu Weihnachten einen geheimnisvollen Stuhl hergestellt haben. Jedes Teil desselben musste aus einer anderen Holzsorte gefertigt werden. Wenn er am Christnachtgottesdienst mitgenommen wurde, konnte man darauf sitzend in die andere Welt sehen und in das Angesicht des Bösen blicken. Dies sollte die Menschen erschauern lassen und zur Besinnung bringen damit sie sich – wie Jesus es vorgelebt hat – vom Bösen lossagen und fortan den guten Mächten dienen. Da aber die Leute dieses Ritual aus blosser Neugierde angewandt haben, um den Teufel zu sehen, sei der Luzastuhl verboten worden. (Vergl. Zusammenhang Lucia – Luzifer).

Kunst

In Dantes »Divina Commedia« (Purgatorio 9, Inferno 2) tritt Lucia als Gestalt der himmlischen Gnade auf, welche den Dichter an den Ort der Entsühnung führt. In der bildenden Kunst wird Lucia meist als Jungfrau mit langem Gewand und unterschiedlichen Attributen wie Fackel/Kerze/Lampe (mit der sie die Dunkelheit erhellt), Krone als Zeichen ihrer geistigen Überlegenheit, Schwert oder Dolch (mit dem sie umgebracht wurde), Augen (die sie heilt), Doppelkreuz, Buch (Bibel) oder Palme (hier Sinnbild des Sieges über den Tod) dargestellt.

Beispiele: Mosaiken »Märtyrerinnenprozession« von S. Apollinare Nuovo in Ravenna, 6. Jh.; Tafelgemälde »Lucia mit Krone und Palme« von Giovanni Sagittano, Kirche S. Lucia in Gaeta, 1456; Triptychon »Lucia mit Schwert« im Dom zu Dresden, 15. Jh.; Gemälde »Lucia mit einer Lampe und zwei Augen« von Pietro Lorenzetti, Kirche S. Lucia dalle Rovinate in Florenz, 14. Jh.; Gemälde »Begräbnis« von Caravàggio, S. Lucia in Syrakus, 1608; Gemälde »letzte Kommunion« von Tiépolo in der Kirche Santi Apostoli in Venedig, 1748. In unserer Zeit wurde Lucia »mit Kerzenkranz auf dem Kopf« z. B. vom bekannten schwedischen Maler Carl Larsson und von der Künstlerin Sulamith Wülfing dargestellt.

Leitmotiv

Hoffnung auf die Geburt des Lichts an Weihnachten. Sieg des Lichts im Frühjahr.

Sinnbild

Lichterkranz/Lucialichter

Sie versinnbildlichen die Hoffnung, welche Lucia auf ihrem Haupt einherträgt. Hier geht es nicht um das Erkenntnis-Licht wie bei Nikolaus, sondern um das Hoffnungs-Licht. Die Lucia-Lichter sind Vorboten der Ankunft Christi, der von sich sagt: »Ich bin das Licht der Welt.« Der Kranz ist zugleich eine Krone. Als himmlische Lichtkönigin oder Lichtengel bringt Lucia Heil und Segen und verkündet das neue Leben und den Frühling – auch im übertragenen Sinn.

Lucien-Braut

Lucien-Braut (schwedische Tradition)
Die älteste Tochter in der Familie oder eine von allen gemeinsam gewählte Lucien-Braut in Schulklassen, Firmenteams usw. wird mit einem langen, weissen Gewand bekleidet. Dazu trägt sie einen roten Gürtel und auf dem Haupt die traditionelle Lichterkrone (Anleitung S. 83). Falls erwünscht oder möglich wird sie von sechs weiteren, weiss gekleideten Engeln begleitet, welche eine Kerze tragen. Manchmal gehen auch Sternträger und eine Schar »Jul-Nisses« (das sind Weihnachts-Zwerge mit roten Zipfelmützen) mit (früher auch Trolle und dunkle Gestalten). Am Vorabend des Luciatages ziehen die gewählten Lichtträgerinnen durch die Strassen, besuchen Krankenhäuser, Gefängnisse, Betagtenheime, Schulen, Firmen und Kirchen. Sie singen Adventslieder und verteilen Kaffee, »Glögg« (schwedischer Gewürzpunsch) oder Adventstee (Rezept S. 25), »Lucia-Katzen« und Pfefferkekse. Wenn das Licht-Ritual in der Familie stattfindet, steht die Lucien-Braut als Erste am frühen Morgen des 13. Dezember auf (die Mutter hilft mit, falls Lucia noch klein ist), schmückt sich mit weissem Gewand und Lichterkrone, weckt die übrigen Familienmitglieder, bringt das Frühstück ans Bett und wünscht allen Gottes Segen zum Lucia-Tag. Der Brauch geht auf die Tradition zurück, dass verkleidete Mägde und Knechte mit Kostproben des Weihnachtsgebäcks vorbei kamen und die dunkle Wohnstube mit Lichtern erhellten.

Jahreszeiten-Tisch

Wenn wir einen Krippenfigurenengel besitzen, kann er mit einem Lichtkranz auf dem Kopf Lucia darstellen. Auch Rindenschiffe zum Lichterschwemmen dürfen hier warten, bevor wir sie dem Fluss anvertrauen.

Esstisch

Den Lucia-Tisch können wir mit einem Lichterkranz aus Kerzlein schmücken. Er erinnert an die Lichtträgerin, auch wenn in unserer Gegend vielleicht keine verkleidete Lucien-Braut umherzieht.

Speisen/Getränke

»Lucia-Katzen«
ergibt ca. 40 Stück

1 dl Milch	leicht erwärmen
1 Würfel Hefe (ca. 45 g)	darin auflösen (= Hefelösung)
150-200 g Butter	in sep. Pfanne schmelzen, vom Herd nehmen
4 dl Milch	und Hefelösung dazugeben und mit
300 g Zucker	
1/2 TL Salz	
2 Briefchen Safran	
1 Ei	vermischen
100 g Rosinen oder kandierte Früchte	
100 g gehackte Mandeln	nach Belieben beifügen
1 kg Mehl	nach und nach darunter kneten, mit feuchtem Tuch bedecken und ums Doppelte aufgehen lassen
1 Eigelb	zum Bestreichen

Lucia-Katzen formen, mit Eigelb bestreichen, nach Belieben mit Rosinen verzieren oder mit gehackten Mandeln oder Perlzucker bestreuen. Bei 220° C 6-8 Min. backen.

Volkstümliche Deutung des Gebäcknamens: weil das Gebäck aussieht wie ein Tiergesicht oder zusammengerollte Katzenschwänzchen.

Mythologische Deutung:
Der Überlieferung gemäss wurde der Wagen der vorchristlichen Lucia/Frau Holle/Freya/Bertha von Katzen gezogen; in Schweden werden aus dem gleichen Teig auch so genannte Weihnachtswagen gebacken. Wotans Wagen wurden von Geissböcken gezogen. Die Kringel könnten auch Bockshörner darstellen. Die Formen entsprechen wohl altem Opfergebäck. Andere Quellen geben an, das Gebäck sei aus den Niederlanden importiert worden.

Anstelle von selbst gebackenen Luciakatzen kann auch anderes Gebäck serviert werden.

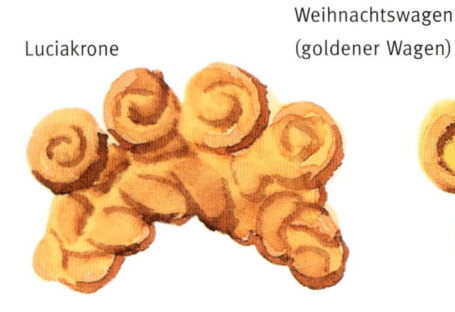

Luciakatzen

Luciakrone

Weihnachtswagen (goldener Wagen)

Lilie

Sirup-Glögg
(schwedischer Gewürzpunsch, alkoholfrei)

3 dl Johannis-beer-Sirup	
3 dl Apfelsaft	alle Zutaten zu sammen
2 Nelken	kurz aufkochen,
1 Stange Zimt	zugedeckt 5 Min. stehen
2 Orangenschalen	lassen, abseihen
100-150 g Zucker	und mit
50 g Weinbeeren	
15-20 Mandeln geschält	vermischen; warm servieren

Wein-Glögg
(alkoholischer Punsch)

1 l Rotwein	
1 KL Kardamompulver	
4 Nelken	
2 Zimtstangen	alles vermischen
1-2 Orangenschalen	
wenig Ingwer nach Belieben	und ca. 3-4 Std. stehen lassen, vor dem Geniessen
200-300 g Zucker	kurz aufkochen (der Alkohol verdampft zum grössten Teil), abseihen und mit
100 g Weinbeeren	
100 g Mandeln geschält	vermischen; heiss servieren

Lucia-Weizen
(Sizilianisches Lucia-Gericht)
300 g Weizenkörnter über Nacht in 2 l Wasser einweichen. Wasser abgiessen und in 1 l frischem Wasser mit 1 KL Salz ca. 2 Std. kochen; mit Butter oder Reibkäse verfeinern.

Gestalten

Lichterkranz
Der traditionelle schwedische Lucienkranz besteht aus Preiselbeerblättern, roten Bändern und weissen Kerzen. Wir können auch immergrüne Pflanzen wie Tanne, Buchs und Efeu verwenden. Als Reif eignet sich ein Styropor-Ring oder ein Strohkranz. Die grünen Zweiglein befestigen wir schuppenartig mit Draht, wie beim Binden eines gewöhnlichen Adventskranzes. Nach Belieben mit roten oder weissen Bändern verzieren. Kerzenhalter mit Dorn und Schale verwenden (damit die brennenden Kerzen nicht auf die Haare tropfen). Kerzen nicht zu eng stecken; sie schmelzen sich sonst gegenseitig ab, besonders in Zugluft. Zum Befestigen auf dem Kopf dient ein breites, rechts und links befestigtes Elastband, welches unter dem Kinn durchführt.

Aufgepasst: Lucien-Bräute müssen vorsichtig gehen und den Kopf gerade halten!

Lichterschiffe

Auf einem Waldspaziergang sammeln wir grosse Rindenstücke für unsere Schifflein und allerlei Naturmaterialien zum Dekorieren (getrocknete Doldenblüter wie Fenchel und Kerbel, Zapfen, Hagebutten, Tannenzweige usw). In der Mitte unserer Boote befestigen wir mit etwas Wachs ein Kerzlein. Beim Gestalten sprechen wir über das, was wir und andere nötig haben für eine bessere Welt. Diese Hoffnungen und Wünsche verarbeiten wir mit hinein. Grössere Kinder können auch Briefe mit ihren geheimen Wünschen schreiben und diese hineinlegen. Unsere so beladenen Lichterschiffe wollen wir an einem windstillen Abend dem Fluss anvertrauen. Er soll die Hoffnungslichter in die Dunkelheit tragen.

Lucia-Lichter

Anstelle eines Lucienkranzes können wir abends Lucia-Lichter auf die Fensterbrüstung stellen. Dort leuchten sie die frohe Botschaft in die dunkle Welt hinaus: Bald ist Weihnacht! Freut euch! Bald, bald ...

Basteltipp: Marmeladegläser mit buntem Transparentpapier bekleben, mit wasserfestem Filzstift verzieren oder mit Glasmalfarbe (Rezept S. 43) bemalen. Sinnigerweise wählen wir als Motiv einen Kerzenkranz (Flämmlein gelb, Kerzen rot, Hintergrund blau oder violett); mit Teelichtern versehen.

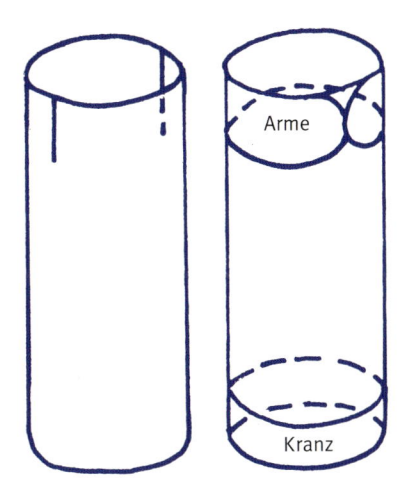

Figuren aus WC-Papierrollen
Material: WC-Papierrollen, hautfarbene Nylonstrümpfe, fester Faden, Watte oder Stopfwatte, Garn oder ungesponnene Wolle für die Haare, ein wenig rotes, gelbes und grünes Zeichenpapier, Stoff, Filz oder Farbe für die Kleider.

Anleitung: Pro Figur benötigt man zwei Rollen, eine für den Leib und eine zum Abschneiden der Arme und der Krone. Den Leib bekleben wir mit weissem Stoff, Filz oder bemalen ihn weiss. Dazu kommt ein roter Gürtel. Für den Kopf binden wir ein ca. 12 cm langes Stück Strumpf oben zusammen, wenden es, stopfen Watte hinein, schneiden beidseitig einen Schlitz in den Strumpf und binden die beiden Teile über dem vorbereiteten Armstück zusammen oder verknoten sie. Anschliessend stecken wir das Armstück in die vorbereiteten Schlitze im Leib, formen den Kopf nach Belieben zurecht und legen die Haarwolle darüber. Die Krone können wir z. B. mit grünem Papier und Kerzen bekleben.

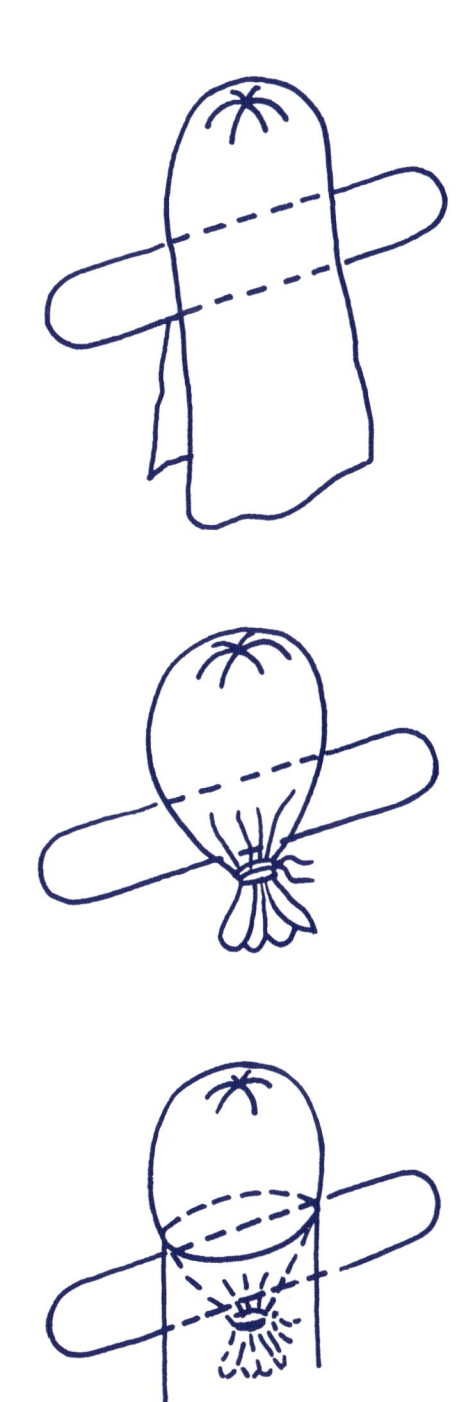

Tipp: Mit diesem System lassen sich Figuren zu allen Geschichten herstellen. Da können schon kleine Kinder mitbasteln.

Minifiguren aus Flaschenkorken
Ein Korkzapfen wird mit Filz bekleidet und verziert (z. B. mit rotem Gurt für Lucia, mit bunten Kragen für Blumenkinder im Frühling usw.). Mit Hilfe eines Zahnstochers steckt man eine Wattekugel als Kopf darauf. Dieser kann nach Belieben bemalt, mit Wollhaaren oder allenfalls einer Filzmütze (Nikolaus, Zwerg, usw.) versehen werden.

Erzählen/Vorlesen

Lucia-Legende

Vor langer Zeit (vor 1700 Jahren) lebte in Sizilien ein reiches Paar. Weil sich die Eltern schon lange ein Kind gewünscht hatten, nannten sie ihre erste Tochter Lucia, das heisst die Lichtvolle. Sie war tatsächlich ein kleiner Sonnenschein und verbreitete Heiterkeit, wo immer sie hinkam. Wenn jemand traurig war, erzählte sie eine frohe Geschichte, sodass wieder Licht und Hoffnung in ihre Herzen einzog. Als Lucia fünf Jahre alt wurde, schenkten ihr die Eltern ein kleines rothaariges Kätzchen, welches sie innig liebte. Das Tierlein begleitete Lucia überallhin und tröstete einsame Menschen mit seinem lustigen Spiel und seiner fröhlichen Herrin. Lucia kümmerte sich auch gerne und voller Mitleid um hungernde und verlassene Haustiere. Als sie einmal einer mageren Katzenmutter Futter zur Höhle brachte, in der diese ihre Jungen versteckt hatte, fand sie eine kleine Gruppe Menschen, die sich ebenfalls dort versteckt hielten. »Was tut ihr denn hier?«, wollte die erstaunte Lucia wissen. »Wir erzählen einander die Geschichten von Jesus, unserem König im Himmel. Er kam einst zur Erde, um uns Menschen zu zeigen, wie wir einander helfen und beistehen können; und als er gestorben war, öffnete er für alle Menschen die Himmelstür. Wenn wir einmal sterben, müssen wir jetzt nicht mehr in die dunkle Unterwelt zum Todesgott Hades hinabsteigen, sondern dürfen in einen schönen Himmel auferstehen. Aber der römische Kaiser hasst uns und hat den neuen Christenglauben verboten. Er hat Angst vor dem Zorn und der Rache der alten Götter. Deshalb müssen wir uns hier heimlich treffen und es darf niemand davon erfahren.« Von nun an ging auch Lucia zu den versteckten Treffen der Christen und lernte vieles über Christi Leben kennen. Am besten gefiel Lucia die Geschichte, in der Christus den blinden Bartimäus geheilt hat.

Es wurde Lucias grösster Wunsch, selber so zu leben wie Christus. Sie besuchte kranke Menschen, brachte ihnen Speise und Trank, wusch ihre Wunden und tröstete sie. Besonders am Herzen lagen ihr obdachlose Kinder oder blinde Menschen, um die sich kaum jemand kümmerte. Abends ging sie mit einer Fackel durch die dunklen Gassen und beschenkte die elenden Gestalten oder nahm sie zu sich nach Hause. Bald sagten die Menschen: Da kommt Lucia, unsere kleine Lichtträgerin!

Als Lucia erwachsen wurde, suchten ihre Eltern einen Mann für sie aus, wie das damals üblich war. Aber Lucia wollte nicht heiraten, sie brauchte ihre Zeit für die Armen und wollte keinen Mann, der den alten Göttern diente. Das konnten ihre Eltern nicht verstehen, denn sie hatten bereits alles vorbereitet und schon viele schöne und wertvolle Sachen für die Hochzeit ausgesucht. Lucia hatte eine schwere Zeit durchzustehen, sie hoffte inständig, dass sie diesen Mann nicht heiraten musste. Da wurde ihre Mutter eines Tages schwer krank. Lucia überredete sie zu einer Reise zum Grab der heiligen Agathe und begleitete sie selber dorthin. Sie pflegte ihre Mutter liebevoll und betete mit grossem Vertauen um Gottes Hilfe für ihre Gesundung. Als die Mutter tatsächlich geheilt wurde, waren beide überglücklich. Die Mutter konnte Lucias Wunsch jetzt besser verstehen und erlaubte ihr endlich unverheiratet zu bleiben. Von den Hochzeitsgaben der Eltern behielt sie nur einen roten Gürtel, den ihre Mutter selber für sie bestickt hatte und welchen sie von jetzt an immer trug. Alle anderen Gaben verschenkte sie Not leidenden Menschen. Alles wäre nun gut gewesen – aber der verschmähte Bräutigam hasste Lucia. Er war verbittert, weil sie ihn nicht geheiratet hatte. Er wollte sich an ihr rächen und verriet dem Statthalter des Kaisers, dass sie Christin war. Lucia wurde gefangen genommen und zum Tode verurteilt. Sie sollte gefesselt auf einem Ochsenwagen durch die Stadt gezogen werden, damit alle Leute sehen konnten, was mit Christen passierte, die sich dem Verbot des Kaisers widersetzten. Aber den starken Zugtieren und den vielen Soldaten, die dabei standen, gelang es nicht, den Wagen von der Stelle zu bewegen. So wurde Lucia an Ort und Stelle mit dem Schwert hingerichtet. Als Lucia gestorben war, wollten die Menschen ihr leuchtendes Vorbild nicht vergessen. Viele beschlossen, Lucias Arbeit für die Kranken und Verlassenen fortzuführen und wie sie Christus nachzufolgen.

Zur Erinnerung an Lucia ziehen noch heute verkleidete Lucia-Engel mit einer Lichterkrone auf dem Haupt durch die Strassen, beschenken ihre Mitmenschen und erfreuen mit ihren Hoffnungslichtern Jung und Alt.

Lieder

Lucia-Gesang, Santa Lucia

Mitt-win-ter-Jung-frau wacht, denn wei-chen muss die Nacht.
Ein hel-ler Sil-ber-stern leuch-tet am Him-mel fern.
Dein Mor-gen-schim-mer strahlt, trotz Win-ters Frost-Gewalt.
Die Welle lei-se rauscht, der Wind die Se-gel bauscht.
Hoff-nung im Herz ent-zünd, von neu-em Le-ben künd;
Kommt in mein Hoff-nungs-boot, ich bin euch Mor-gen-rot.
Freu-de uns bring, Sieg und Ge-winn! Sieg und Ge-winn!
San-ta Lu-ci-a, san-ta Lu-ci-a! san-ta Lu-ci-a!

Deutsche Übertragung nach
schwedischen und italienischen Motiven.
Volksgut.

Luzialied
(für Vorschule und Kindergarten)

1. Wie ist der Morgen so dunkel und bitter kalt dazu! Da dringt auf einmal zur Tür herein Musik und goldener Kerzenschein: "Luzia, das bist du!"

1. Wie isch's au hüt e so tunkel, s'isch glaub na Nacht verruss! Da chunnt uf eimal zur Türe y en helle goldige Cherze-schy; d'Luzia, sie staat duss!

Schweizer Mundart

2. Du bringst uns Tee und Kuchen,
die süss und knusprig sind,
dass auch der kalte und dunkle Tag
an dem man gar nicht gern aufstehn mag,
mit einem Fest beginnt.

2. E Tasse Tee und es Guetzli
hät sie für eus parat,
dass au dä chalti und tunkli Tag,
wo mänge gar nid rächt ufstaa mag,
scho mit ere Föid afaat.

© Bächli, Gerda. Verlag Music Vision,
CH-8700 Küsnacht.

24. Dezember bis 6. Januar

WEIHNACHTSZEIT

Anbetung
(Fresko, 16. Jh.)

Heiligabend – 24. Dezember

Der Heiligabend ist der Vorabend des Weihnachtstages. Wir stimmen uns ein auf die Heilige Nacht vom 24. auf den 25. Dezember. Im Christnacht-Gottesdienst, am späten Abend des 24. Dezember, wird die Geburt des Jesuskindes verkündet: »Euch ist heute der Heiland (= Messias/ Retter/Erlöser) geboren, welcher der Christus (= der Gesalbte → in Israel war es üblich, Könige zu salben) ist, der Herr.« (Lk 2,11)

Die Bibel überliefert uns zwei unterschiedliche Geburtsgeschichten: Der Evangelist **Lukas** (griechischer Arzt) schreibt sein Evangelium in erster Linie für Heidenchristen, beruft sich auf Augenzeugen und bettet seinen Bericht in geschichtliche Zusammenhänge (Steuerschatzung/Volkszählung durch Kaiser Augustus unter Statthalter Quirinius). Er schildert die Geburt im Zusammenhang mit der Verkündigung der Engel an die Hirten. Da Lukas (als Reisebegleiter des Paulus) die Urchristengemeinde in Jerusalem besucht und gekannt hatte, ist es durchaus möglich, dass er die Geburtsgeschichte von Maria selbst erfahren hatte, welche ja ihrerseits Mitglied dieser Urgemeinde war (gemäss Lukas-Überlieferung).

Der Evangelist **Matthäus** wendet sich mit seinem Evangelium in erster Linie an Judenchristen, indem er sich immer wieder auf das Alte Testament beruft, um damit den Zusammenhang von alttestamentlicher, prophetischer Verheissung und neutestamentlicher Erfüllung in der Person Jesu aufzuzeigen: »Damit erfüllt werde, was vom Herrn durch die Propheten gesprochen worden ist, welcher sagt: ›Siehe, die Jungfrau wird schwanger werden und einen Sohn gebären‹, ...« (Mt 1,22-23) Matthäus berichtet von der Geburt Jesus Christus im Zusammenhang mit dem Besuch der Weisen aus dem Morgenland.

Beide Evangelisten berichten von der Geburt Jesu in Bethlehem. Der Name bedeutet sinnigerweise »Haus des Brotes« (Jesus bezeichnet sich selbst als das Brot des Lebens). Bethlehem war auch die Stadt des Königs David. In ihr wurde der Messias erwartet: »Und du Bethlehem ... aus dir soll mir hervorgehen, der Herrscher in Israel werden soll; sein Ursprung ist in der Vorzeit, in unvordenklichen Tagen ... und das wird das Heil sein.« (Micha 5,2-5)

Adam und Eva-Gedenktag

Der 24. Dezember ist auch der Namenstag und Gedenktag an die Vertreibung von Adam und Eva aus dem Paradies. Seit diesem Gebundensein an die beschwerliche Erde warten die Geschöpfe auf Erlösung. »So wie in Adam alle ›gestorben‹ (von Gott/Christus abgefallen sind), werden in Christus auch alle ›lebendig gemacht‹ (wieder mit der Gotteswelt verbunden) werden.« (1. Kor 15,22)

In der frühen griechischen Kirche war es Sitte, am Fest der Geburt Jesu die Schöpfungsgeschichte vorzulesen (so überliefert durch Theodat von Ankyra, 381-438, in einer Weihnachtspredigt). Um den Christen der ersten Jahrhunderte den grossen Bogen von dieser Urtrennung bis zur Wiedervereinigung mit Gott durch Christus vor Augen zu führen, wurden am 24. Dezember sog. »Paradeisspiele« aufgeführt. Im Gedenken an dieses verlorene Paradies und die Vorfreude auf die Rückkehr dorthin durch die Geburt/ Erlösung Jesu, gestaltete man früher das so genannte Paradeiserl (eine Art Paradiesbaum), das mit Holzstäben, Grünzeug und Äpfeln zu einem pyramidenförmigen Gestell zusammengefügt wurde.

Der Weihnachtsbaum
Bäume spielen in allen Kulturen und Religionen eine wichtige Rolle als Lebensbaum, Paradiesbaum, Erntedankbaum, Opferplatz, Gedenkstätte, Gerichtslinde, Göttersitz, ... In vorchristlicher Zeit holten die Germanen zur Sonnenwendzeit im Winter grüne Zweige ins Haus, um das Wachstum der Natur heraufzubeschwören und die Todesdämonen zu bannen. Im Mittelalter hängten Bauern immergrüne Zweige an die Hofbrunnen, um böse Geister fern zu halten. Auch Häuser und Kirchen schmückte man von Advent bis Lichtmess mit grünen Zweigen und immergrünen Girlanden (»weyenacht meyen«). An hängenden Bäumchen befestigte man Äpfel und Backwerk, um damit die guten Hausgeister anzulocken und zu beschenken. Der geschmückte Weihnachtsbaum in unserem heutigen Sinne wird erstmals um 1605 erwähnt, ist aber vermutlich viel älter, denn im Elsass ist das Aufstellen von immergrünen Bäumen schon aus dem 13. Jh. überliefert. Ursprünglich dürfte er als Paradies- oder Adamsbaum bei den Paradies-/Krippenspielen gestanden haben und mit (Paradies-)Äpfeln geschmückt worden sein (vgl. die Ähnlichkeit von lat. malum = der Apfel und lat. malus = das Übel, das Böse). In Verbindung mit bereits bestehendem Brauchtum, und immer üppiger geschmückt, entwickelte er sich im Lauf der Jahrhunderte zum klassischen Weihnachtssinnbild. Er stand vorerst in öffentlichen Räumen, z. B. in Zunftstuben. Zunftmitglieder schmückten ihn mit Papierrosen, Paradies-Äpfeln, Backwerk und Flittergold. Von dort verbreitete er sich allmählich durch die reiche Oberschicht. Als im 18. Jh. die öffentlichen Weihnachtsfeiern zunehmend zu Familienfesten wurden, hielt er auch Einzug in einfache evangelische Familien (in katholische z. T. erst im 20. Jh., da dort die Krippe das Zentrum bildete). Kerzen kamen im 17. Jh. auf, Glaskugeln, welche die Äpfel ersetzten, erst im 19. Jh. Der Baum musste immergrün, aber nicht unbedingt eine Fichte sein. Stechpalme und Buchs waren ebenso beliebt. Erst im 19. Jh., als immer mehr Bäume gebraucht wurden, setzte sich die Fichte als Weihnachtsbaum durch.
Passende Legende zum Vorlesen von Jakob Streit, »Der erste Weihnachtsbaum«. Oratio/HEROLD Verlag, 1994 oder in »Kindheitslegenden«, siehe S. 52.

Vom Schenken
Nicht immer beschenkte man einander zum Weihnachtstag. Die Römer überreichten ihre Geschenke zum Jahreswechsel. Bis ins 10. Jh. beschenkte man sich am Martinstag (11. November), später dann am Nikolaustag (6. Dezember). Ab dem 16. Jh. ging der Schenkbrauch auf die Initiative von Luther nach und nach auf Weihnachten über. Schenken und Beschenktwerden ist sichtbar gemachter Austausch von Wertschätzung, Wohlwollen, Liebe. Früher galten Geschenke als Ofergaben oft guten oder bösen Geistern, die man erfreuen/besänftigen

wollte. Auch heute wollen wir mit einem Geschenk jemanden erfreuen oder beglückwünschen. Wir versuchen, uns in den Empfänger oder die Empfängerinnen einzufühlen und schenken dadurch gleichzeitig einen Teil von uns selber mit. Weihnachten darf nicht zu einem Tauschhandel mit Rückerstattungszwang verkommen – das ginge am wahren Sinn des Schenkens vorbei. Bei allem Rummel um das Schenken soll das grösste Geschenk nicht vergessen gehen: das Kind in der Krippe. Ihm zu Ehren und zum Gedenken beschenken wir einander, aus grosser Freude und Dankbarkeit über die Geburt Jesu, dessen Geburtstag wir an Weihnachten feiern. Sein Licht und seine Liebe wollen wir teilen und weitergeben.

Vom Danken

Echte Dankbarkeit ist immer eng verbunden mit dem Gefühl der Freude. Diese wollen wir dem Schenkenden zeigen. Kinder nehmen unser Verhalten als Vorbild. Wo wir selber erfreut auf eine Gabe reagieren und herzlich danken, werden es die Kinder nachahmen. Wenn der Schenkende persönlich nicht anwesend ist, werden die Kinder sicher dazu ermuntert ein Brieflein zu schreiben, zu telefonieren oder eine Zeichnung zu gestalten. Hinter allem Danken steht die Dankbarkeit Gott gegenüber, von dem letztlich alles kommt. Mit der Pflege des seelischen Empfindens von Freude und Dankbarkeit dem Leben gegenüber stärken wir den guten Willen. Sie führt dazu, dass wir aus unserer inneren Fülle in irgendeiner Form der Welt etwas weitergeben möchten.

Hannah an der Krippe

Hannah sitzt in Bethlehem am Strassenrand. Ihr kleiner Korb ist immer noch leer. »Hast du etwas bekommen?«, fragt sie den Bettler Joachim. Joachim schüttelt den Kopf. Immer, wenn Kaufleute vorbeigehen, streckt er seine Hand mit dem Hut aus. »Gebt mir Geld! Ich bin gelähmt«, ruft er. Er schreit nicht laut. Er schämt sich. Er sagt zu Hannah: »Geh nach Hause! Betteln ist nichts für Kinder!« »Ich muss hier sitzen – die Mutter hat mich geschickt. Wir brauchen Geld.« Joachim sagt nichts mehr. Er ist froh, dass er nicht alleine ist. Hannah hat er gern. Er weiss, dass ihr Vater ein armer Hirt ist. Der Gelähmte erzählt Hannah alte Geschichten. Er erzählt manchmal auch von einem König und Retter, der kommen wird. »Er wird uns frei uns glücklich machen. Aus der Familie Davids aus Bethlehem soll er stammen. Das steht auch in den alten Schriften.« »Vielleicht kommt er bald«, sagt Hannah. Plötzlich hört man harte Schritte auf dem Strassenpflaster. Die Soldaten! Hannah zuckt zusammen. Sie hat Angst. Der Bettler schaut weg. Er mag diese Männer nicht. Das sieht man ihm an. Die Soldaten verschwinden im Rathaus von Bethlehem. »Verstehst du ihre Sprache?«, fragt Hannah den Gelähmten. Joachim schüttelt den Kopf. »Das sind doch Römer! Ich kann sie nicht verstehen. Ich will sie auch nicht verstehen. Sie wollen nur Geld. Sie machen uns arm!« Der Platz vor dem Rathaus ist voller Menschen. Händler rufen laut. Esel schreien. Hannah steht auf. Scheu streckt sie die Hand aus. »Für meine kleinen Brüder«, sagt sie bettelnd. »Wir sind weit gereist«, »wir sind müde«, »auch wir sind arm«, bekommt Hanna immer wieder zur Antwort. Wer sind wohl diese Fremden? Joachim erklärt es ihr: »Alle müssen an den Ort, wo ihre Familie herkommt. Sie müssen ihre Namen in grosse Pergamentrollen einschreiben lassen. Der

Kaiser will unser Volk zählen. Der mächtige Kaiser Augustus, dieser Römer!«

Hannah hat ihren Kopf auf die Knie gelegt und ist eingeschlafen. Wie sie wieder aufwacht, hört sie Stimmen dicht neben sich. »Vielleicht finden wir noch einen Platz in einer Herberge. Steh auf Maria!«, sagt der Mann, der nicht weit von Hannah auf der Strasse steht. Er streckt seine Hand aus. Er möchte die Frau, die neben Hannah sitzt hochziehen. Aber sie weint: »Ich kann nicht mehr, Josef! Alle Herbergen sind voll. Niemand will uns.« Erschreckt sieht Hannah in das Gesicht der Frau mit dem blauen Kleid. Die Frau ist sehr jung, eigentlich noch ein Mädchen. »Geht zum Wirt beim unteren Tor – er hat mir auch schon geholfen«, sagt Joachim freundlich. Langsam steht Maria auf. Da sieht Hannah, dass Marias Bauch dick ist. Sie wird sicher bald ein Kind bekommen! Hannah springt auf. »Ich helfe dir. Gib mir dein Bündel.« Doch Josef wehrt ab: »Es ist nicht schwer. Und zuerst müssen wir ins Rathaus. Bleib du hier, Kind!« Maria lächelt und sagt: »Ich würde gerne etwas in deinen Korb legen, aber wir sind selber arm.« Bald sind beide wieder in der Menschenmenge verschwunden. Hannah und Joachim warten weiter. Langsam wird es Abend. Der lahme Bettler wird von seinen Freunden nach Hause getragen. Er winkt und ruft Hannah zu: »Schau in deinen Korb! Als du schliefst, hat dir ein Händler etwas hineingelegt.« Hannah tastet. »Ein Stück Stoff? Aber ich brauche Geld! Wir brauchen doch Brot für die Kleinen!« – Hannah friert. Sie steht auf. »Ich muss nach Hause«, sagt sie traurig zu sich selbst. Der Korb ist leicht.

Hannahs Heimweg über die Felder und Weiden ist unheimlich. Es ist dunkel geworden. Aus den Büschen dringt ein Rascheln. Ist das ein wildes Tier? Endlich sieht Hannah das Hirtenfeuer und das spitze Dach des Zeltes. Der Hirtenhund bellt. Aber bald erkennt er Hannah und wird wieder ruhig. Die Schafe schlafen. Der Vater sitzt am Feuer. Er hält Wache und nickt dem Kind zu. Ganz schnell noch betrachtet Hannah im Licht des Feuers das Stoffstück aus ihrem Korb. Dann legt sie sich leise ins Zelt. Die Mutter und die Brüder schlafen fest. »Es ist ein kostbares Stück Stoff. Goldfäden und Perlen sind eingewebt«, denkt Hannah. Sie steckt den Stoff unter ihr Hemd. Hier ist er gut versteckt. Durch die halboffene Zelttür sieht sie das Feuer; es ist klein geworden. Der Vater hüllt sich fester in seine Decke. Hannah liegt wach, ganz hinten im Zelt. Plötzlich sieht Hannah, wie der Vater aufspringt. »Ich komme, ich komme!«, ruft er. Wohin geht er wohl? Hannah kann nicht mehr länger liegen bleiben. Leise wie eine Katze kriecht sie über die Mutter und die kleinen Brüder aus dem Zelt. Leise läuft sie hinter dem Vater her. Bald trifft der Vater auf andere Hirten. Sie zeigen auf einen kleinen Hügel. Dort steht ein Mann. Er ruft alle zu sich, er winkt. Es ist ein Mann, den Hannah noch nie gesehen hat. Um den Mann herum ist ein helles Licht. Das leuchtet weit in die dunkle Nacht. Hannah hat Angst. Auch die Hirten fürchten sich. Da beginnt der Mann zu sprechen: »Habt keine Angst! Heute ist euer Retter geboren. Er kommt von Gott zu allen Menschen. Ganz nah von hier könnt ihr ihn finden, in Bethlehem. In einer Krippe liegt er. Jetzt ist er ein kleines Kind. Doch er wird mächtig werden. Er ist euer Helfer und euer König.« Plötzlich sind um den Mann noch andere Gestalten. Helles Licht ist um sie und sie singen: »Gott im Himmel, wir loben dich! Du bringst den Frieden auf die Erde! Du bringst den Menschen grosse Freude!« Da sagt ein alter Hirte laut: »Freunde, das sind Engel! Gott hat sie uns geschickt, damit wir unseren Retter finden. Kommt, kommt! Wir wollen nach Bethlehem gehen!« Es ist dunkel geworden. Jeder Hirte holt ein Geschenk von seinem Lagerplatz: Ein Bündel Brennholz, einen Krug Schafsmilch, ein paar Eier, einen Laib Brot. Einer bringt ein junges Schäfchen: »Für das Kind, das unser Helfer sein wird«, sagen sie. Hastig machen sie sich mit ihren Laternen auf den Weg. Hannah läuft hinter ihnen her. Im Schein des Mondes sehen die Hirten bald die Häuser von Bethlehem. Die Stadt ist dunkel. »Dort ist noch ein Licht«, ruft einer. »Es ist die Höhle des Gastwirts vom unteren Tor. In der Höhle wohnen seine Tiere«, fügt ein anderer hinzu. Sie eilen weiter, auf das schwache Licht zu. In der Höhle finden sie Schafe und Kühe. Sie sehen die Futterkrippe und dahinter einen Mann und eine sehr junge Frau. In der Krippe liegt ein neugeborenes Kind. »Das ist unser Retter«, sagen sie laut. »Gottes Engel haben uns von ihm erzählt!« Über diese Worte staunt die Mutter des Kindes. Die Hirten treten zur Krippe, einer nach dem anderen. Jeder legt sein Geschenk nieder, jeder schaut in die Krippe. Sie werden sehr froh und knien nieder. Nur Hannah steht immer noch am Eingang. »Ihr seid ja Maria und Josef«, sagt sie deutlich. Da erst merken die Hirten, dass Hannah mitgekommen ist. »Woher kennst du diese Leute?«, fragt der Vater. Hannah antwortet nicht. Sie geht langsam zur Krippe. Aus ihrem Hemd zieht sie das schöne Stück Stoff, den Stoff mit den Goldfäden und Perlen. »Eine Decke für den kleinen König – ich schenke sie dir!« Maria lächelt. »Er heisst Jesus«, sagt sie stolz. Die Hirten machen sich bald auf den Heimweg. Sie reden über den Retter, über diesen König. »Er wird ein guter König sein. Er muss mächtiger sein als Herodes, der böse König. Er wird stärker sein als die Römer. Er wird uns helfen.« Hannah ist auf dem Rücken des Vater eingeschlafen.

»Wir haben den Retter gesehen«, sagt Hannah am nächsten Morgen zu ihren Brüdern. Aufgeregt erzählt sie alles, was sie in der Nacht erlebt hat. Dann läuft sie in die Stadt, so schnell sie kann. »Joachim«, ruft sie dem lahmen Bettler von weitem zu, »Joachim, der Retter, auf den du wartest, ist geboren. In einer Höhle! Er liegt in einer Futterkrippe bei den Tieren. Ein kleines Kind – es heisst Jesus! Joachim, ich weiss: Er wird auch dir helfen, wenn er gross ist. Sicher macht er, dass du wieder gehen kannst!« Auch von den Engeln erzählt Hannah und von der schönen Decke, die das Kind bekommen hat. Sie ist glücklich. Joachim aber schaut Hannah voller Staunen an.

Regine Schindler

© Regine Schindler, CH-Uerikon.

Weihnachten – 25. Dezember

Historisches

Der historische Geburtstag Jesu ist nicht überliefert. Vor der offiziellen Einführung des heutigen Festes am 25. Dezember feierte man bereits in der ersten Hälfte des 2. Jh. in der Ostkirche am 6. Januar das viel ältere Fest Epiphania Domini (= Erscheinung des Herrn) als Geburtstag Jesu. Der 25. Dezember als Weihnachtstermin hat sich erst im 4. Jh. n. Chr. eingebürgert und wurde 379 offiziell für Ost- und Westrom eingeführt (heute römisch-katholische und orthodoxe Kirchen, wobei der 25. Dezember bis heute nicht in der gesamten Ostkirche übernommen worden ist). Für die Festlegung des 25. Dezember als Geburtstermin existieren verschiedene Hypothesen:

– Die Vergottung Christi (im Zusammenhang mit der Niederlage der Arianer, die in Jesus ein eigenständiges und von Gott geschaffenes Wesen sahen und dem Sieg der Athanasier, die Jesus mit Gott zu einer Person verselbigten) entspreche der heidnisch-römischen Vergottung des Kaisers. Das neue Geburtsfest Christi sei auf den 25. Dezember gelegt worden, weil dieser Tag einem römischen Reichsfeiertag »Natalis solis invicti« (= Geburt des unbesiegten Sonnengottes) entsprach, was den römischen, wie einen Gott verehrten Kaiser meint, dessen offizieller Geburtstag am 25. Dezember gefeiert worden ist. Die Symbolik des »Sol invictus« habe sich leicht auf das, durch Christus angebrochene, neue Weltenlicht deuten lassen und sei deshalb beim Volk und den noch zu bekehrenden Heiden auf bessere Akzeptanz gestossen. Ausserdem wurden in Rom am 25. Dezember auch Feste für andere Götter begangen, z. B. die des Mithras- und des Helioskultes, die man durch die Festsetzung dieses Termins überdecken oder christlich anpassen konnte. Ähnlich habe man den Geburtstag Jesu auf das keltisch-germanische Julfest (Mittwinter) gelegt, um dieses zu verdrängen.

– Der Geburtstermin Jesu sei auf Grund eines vermuteten Todestags Jesu (am 25. März) berechnet worden, welcher zugleich als 1. Schöpfungstag angesehen wurde: Als Gott bei der Erschaffung der Welt Licht und Finsternis geschieden habe, seien Tag und Nacht gleich lang gewesen (25. März = Frühlingsbeginn/ Tag- und Nachtgleiche nach julianischem Kalender) und sei Gras, Kraut und Bäume hervorgegangen, also Frühling gewesen. An dem Tag, an dem nun Gottes Wort das Leben in der Natur hervorgerufen habe, müsse auch die Verkündigung des neuen Lebens in Christus (durch den Engel Gabriel: 25. März, Mariä Verkündigung) stattgefunden haben und sei demzufolge als Zeugungstag Jesu zu interpretieren. Zählt man 9 Monate dazu, dann kommt man auf den 25. Dezember als Geburtstag. Dazu passe auch das Geburtsfest Johannes des Täufers am 24. Juni, der gemäss biblischer Berichte 6 Monate vor Jesus zur Welt gekommen ist.

– Der Geburtstermin Jesu sei schon im Alten Testament von Haggai vorausgesagt worden: »Gebt acht, was von heute an geschieht, vom vierundzwanzigsten Tag des neunten Monats an, dem Tag, an dem der Grundstein zum Tempel der Herrn gelegt wurde (Hag 2,18). An diesem Termin feiern die Juden ihr Tempelweihefest (nach Haggai), das in den Dezember fällt, da die Monate vom Frühlingsbeginn (im März) an gezählt werden. Die Christen hätten Elemente des jüdischen Tempelweihefests (Chanukka), das am 25. des neunten Monats gefeiert wird, mit seiner Lichtsymbolik von den Juden übernommen. Und auf Jesus übertragen (Jesus als das Licht der Welt), der sich selbst als Eckstein bezeichnet hat und von sich sagte, er werde den niedergerissenen Tempel (= alter Bund) in drei Tagen wieder aufrichten (= neuer Bund). Mit Jesu Geburt sei der Grundstein zum neuen Tempel des Herrn gelegt worden, der neue Bund begründet, dem nun nicht mehr ausschliesslich Juden angehören (wie zur Zeit des alten Bundes), sondern alle Menschen, die sich zu Jesus Christus bekennen. Das Weihnachtsfest sei demnach ein Geburtsfest des neuen Tempels in Jesu Christi. Für diese letze Hypothese spricht, dass das Christentum aus dem Judentum hervorgegangen ist und die ersten Judenchristen sowohl das Passahfest (Ostern), als auch Shawuot (Pfingsten) von den Juden übernommen haben und anfangs wohl kaum ein Interesse daran gehabt haben, ihre Feste mit denen der Heiden (von denen sie sich klar abgrenzten) zusammenzulegen.

Der Name »Weihnacht« geht entweder auf einen Übersetzungsversuch der lat. »nox sancta« (heilige Nacht) in Form von mhd. »wihen naht« (geweihte Nacht) zurück, oder auf die schon in vorchristlicher Zeit begangenen geweihten Nächte[3] zwischen dem 25. Dezember und dem 6. Januar: »wihen nahten« (mhd., alter Dativ Mehrz.), erwähnt von einem bayerischen Spruchdichter um 1170. Natale, noël, ... hingegen stammen von lat. »natalis« = zur Geburt gehörig, und das engl. »christmas« bezeichnete ursprünglich die Christnachtsmesse.

Leitmotiv

Dankbarkeit, Freude, Frieden:
Sich freuen – Freude teilen – Freude schenken – Frieden verbreiten.

Sinnbilder

Das Licht
»Das Volk, das in der Finsternis wandelt, sieht ein grosses Licht; die im Lande des Dunkels wohnen über ihnen strahlt ein Licht auf. Du machst des Jubels viel, machst gross die Freude; sie freuen sich vor dir, ... Denn das Joch, das auf ihm lastet zerbrichst du ... . Denn ein Kind ist uns geboren, ... und die Herrschaft kommt auf seine Schulter, ... und er wird genannt ... Friedefürst.« (Jesaja 9,2 ff). Mitten in der dunklen Winternacht wird das Licht der Welt, Christus, geboren. Mit ihm verbindet sich die Hoffnung auf Erlösung immer wieder neu bis zur endgültigen Erlösung aller Kreaturen und aller gefallenen Engel am Ende der Welt (»Ich bin bei Euch bis an das Ende der Welt«, Mt 28,20), wenn Jesus »alles unterworfen sein wird« (Hebr 2,8), die Herrschaft des Bösen/Todes/Luzifers endgültig überwunden ist; wenn sich alle wieder dem Licht zugewandt haben, der ganz grosse Winter« der Gottferne überstanden ist ... »Und es wird keine Nacht mehr geben, und sie bedürfen nicht des Lichtes einer Lampe, noch des Lichtes der Sonne, denn Gott der Herr wird über ihnen leuchten ...« (Off 22,5).

---

[3] Gemäss Tacitus (ca. 55-120 n. Ch.) zählen die Germanen nicht nach Tagen, sondern nach Nächten.

Die Krippe

Schon Jesus' erster Aufenthaltsort auf Erden – die Futterkrippe – deutet sinnbildlich auf das, was er dem Menschen schenkt: Seelennahrung, das Brot des Lebens.

Vorlesen/Erzählen

In vielen Familien gehört es zur Tradition, dass ein Eltern- oder Grosselternteil am Weihnachtsabend beim brennenden Lichterbaum feierlich die Geburtsgeschichte aus der Bibel vorliest. Erst anschliessend wird gemeinsam gesungen, werden Gedichte aufgesagt und Geschenke überreicht. Das Weihnachtsfest mit diesem stets gleich bleibenden Auftakt des Vorlesens zu beginnen, wird Kindern als unvergessliches Weihnachts-Ritual in Erinnerung bleiben.

Gedichte

Maria und Josef

Ein Stern glänzt hell in dieser Nacht,
und Josef hält im Stalle Wacht;
doch draussen weht ein kalter Wind.
Maria nimmt ihr Jesuskind,
sie hüllt es warm in Decken ein
und wiegt es im Laternenschein.

Schweizer Mundart (= Original)
Am Himu schiint es Schtärnli,
im Schtall es chlys Latärnli.
Es Lüftli geit um ds Schüürli;
dr Josef macht es Füürli.
D'Maria breitet d'Windeli
für ihres Jesuschindeli.

Mündlich überliefert

Das Bäumlein

Jetzt schaut einmal den Tannenbaum
Welch wunderschöner Weihnachtstraum!
Er glänzt so hell in seiner Pracht,
dass alles in mir hüpft und lacht!

Schweizer Mundart (= Original)
Jetz lueget ou das Böimeli a!
Es isch e wahri Pracht:
Es glitzeret und flimmeret,
dass grad mis Härzli lacht.

Mündlich überliefert

Jesus Christus

Oh Jesus Christus, reinstes Licht,
bist Gottes Kind, sein Angesicht.
Dein Gott hat dich, den Erstgeborn
zum Weltenschöpfer auserkorn.

Oh Jesus Christus, Himmelsmacht,
wir alle sind durch dich erwacht.
Dein Brot ist unsre Leibeskraft,
dein Wein ist unser Lebenssaft.

Oh Jesus Christus, Gottes Sohn,
im höchsten Himmel ist dein Thron.
Dein Reich ist nicht von dieser Welt,
doch bist ihr Retter und ihr Held.

Oh Jesus Christus, Gottes Kraft,
Messias, der uns Heilung schafft,
befreist von Dunkel, Leid und Tod,
von Elend, Schulden, Schmerz und Not.

Oh Jesus Christus, Seelenhirt,
die Welt durch dich verwandelt wird:
Erlöst von Hades Todesbann,
ein jedes lichtwärts schreiten kann.

Oh Jesus Christus, Gottes Hand,
als König bist du anerkannt.
Dir schulden alle Lob und Preis,
die Himmel, Hölle, Erdenkreis.

Oh Jesus Christus, Gottes Wort,
du Weisheitsquelle immerfort.
Schenkst Frieden und Gerechtigkeit
in Zeit und alle Ewigkeit.

Lieder und Musik

Musikkompositionen auf selbst gespielten Instrumenten, Lieder aus der vorbereiteten Liedersammlung.

Halleluja

Hal-le-lu-ja, Hal-le-lu-ja, a - men, a - men.

Liturgischer Ruf, Herkunft unbekannt.

Die zwölf heiligen Nächte

Die eigentliche Weihnachtszeit beginnt mit dem 25. Dezember und endet mit dem Dreikönigsfest am 6. Januar.

Historisches

Bereits in vorchristlicher Zeit wurde diesen Tagen eine besondere Bedeutung beigemessen. Sie ergeben sich als Differenz zwischen dem Sonnenjahr und dem nach den Mondumläufen berechneten Jahr (354 Tage). Die fehlenden 11 (in Schaltjahren 12) Tage wurden bei den nordischen Völkern anschliessend an den 25. Dezember eingeschaltet, um eine Übereinstimmung zu erreichen. Die zwölf Tage wurden als prophetisch für die zwölf Monate des kommenden Jahres angesehen. In dieser magischen Zeit kamen sich Diesseits und Jenseits näher als sonst. Götter oder Geister durchzogen das Land, segnend (Schönperchten) oder Schaden und Unheil stiftend (böse oder Schiachperchten, zerstörerische Unwetter, Stürme, Krankheit, Not, Tod). Es gab verschiedene Mittwinterbräuche, deren Spuren bis in die heutige Zeit reichen und mancherorts – besonders im Alpenraum – noch gepflegt werden.[4] Um die dämonischen Mächte zu vertreiben oder sich vor ihnen zu schützen, wurden Lärmumzüge veranstaltet (Teilnehmer oft mit Furcht erregenden Masken), man räucherte Häuser und Ställe mit Weihrauch oder speziellen Pflanzen (Wacholder, Salbei). Die 12 Nächte tragen deshalb auch den Namen Rumpel-, Rau- oder Rauchnächte. In manchen Gegenden hat sich die Sitte erhalten, an den Abenden der Weihnachtstage hinauszugehen und an den Bäumen zu rütteln: »Bäumchen wach auf, Frau Holle kommt.« Frau Holle/Perchta/Frigg/Lucia gilt in der germanisch-keltischen Mythologie als Heilerin und Führerin der Schar der Holden (der guten Geister/Engel/Schönperchten). Sie ist die Hüterin der Häuslichkeit, besonders über Spinnerinnen und Weberinnen, wacht über das Betragen der Mägde (bald belohnend, bald strafend, je nach Erdenleben; vgl. auch im Märchen Frau Holle, wo die Mägde mit Gold oder Pech behaftet wieder zur Erde zurückkehren). Wenn es im Winter schneit, schüttelt sie die Betten. Dies ist ein sehr stimmiges Bild: Die Bettdecke verwandelt sich in die Schneedecke; die Menschen sollen ausruhen und Innenschau halten. Frau Holle erscheint in Sagen und Märchen auch als die weisse Frau oder Taube im weissen Federkleid, die den Zug der Toten – oft sind es Kinder – hinauf ins Leben führt (vom Winter in den Frühling). Begleitet von Elfen/Heimchen/Naturwesen, welche die Vegetationskräfte in der Natur darstellen, segnet sie Wald und Flur mit neuen Lebenskräften (wie eine Art Urmutter). Als Perchtetag gilt der 6. Januar. (Zur Gestalt der Frau Holle, vgl. Kapitel Lucia.)

---

[4] Hie und da komme es vor, so berichten Märchen, dass ein schiacher Percht einsichtig wird, sich dem heilenden Heer anschliesst und fortan der guten Seite dienen will (wie Knecht Ruprecht, siehe Kapitel Nikolaus). Es ist dies ein Bild dafür, dass alles Dunkle, Böse sich im Grund nach dem Licht sehnt, sich ihm zuwenden will und sich dadurch nach und nach wieder zum Guten verwandeln kann. Davon erzählt auch die Geschichte von Frau Holles Webstube.

Literaturhinweise:
- Sigrid Früh: Rauhnächte. Märchen, Brauchtum, Aberglaube. Verlag Stendel, Waiblingen 1999.
Sammlung spannender Mittwinter-Überlieferungen, z. B. Hollemärchen.

- Jörg Zink: Zwölf Nächte. Was Weihnachten bedeutet. Herder Verlag, Freiburg 2001.
12 nächtliche Meditationen für Erwachsene zur Weihnachtsgeschichte – eine Quelle des Lichts und der Kraft.

- Anselm Grün: Weihnachtlich leben. Herder Verlag, Freiburg 2000.
Kleines Geschenkbuch mit einer inspirierenden Deutung der Bilder der Weihnachtsgeschichte für Menschen von heute.

Frau Holles Webstube

Anna konnte wieder einmal nicht einschlafen. »Oma, bitte erzähle mir eine Geschichte«, bettelte sie. Oma setzte sich ans Bett, streichelte Anna liebevoll über den Kopf und fragte: »Ja, meine Kleine, weisst du denn nicht, dass jetzt Schlafenszeit ist, zu der die Menschen in Frau Holles Webstube gehen, um an ihrem Lebenskleid zu weben?« »Oh, ja, erzähl mir von Frau Holle!« »Also denn, hör gut zu ...
Jede Nacht wird das grosse Himmelstor aufgetan und die Seelen der schlafenden Menschen treten in Frau Holles Webstube. Dort hängen Fäden aller Art: die Goldfäden der Liebe und des Glaubens, die zartblauen Geduldsfäden, die sanft rosafarbenen Trostfäden, die lichtgrünen Hoffnungsfäden, die dunkelgrünen Fäden der Bescheidenheit, die geheimnisvoll violetten Gebetsfäden, die tiefblauen Treuefäden, die heiter gelben Lachfäden, die fröhlich orangen Freudenfäden, die leuchtend roten Mutfäden ... aber auch düster rote Wutfäden, giftgrüne Neidfäden, aschgraue Böse-Worte-Fäden, und pechschwarze Hassfäden. Jeder webt dort Nacht für Nacht an seinem Lebenskleid. Er kann aber nur diese Fäden verwenden, welche er tagsüber selber gesponnen hat. Jeder Gedanke, jedes Wort, jede Tat gibt einen Faden, wird von den Engeln in den Himmel getragen und in Frau Holles Webstube sorfältig aufbewahrt. Die Goldfäden der Liebe und des Glaubens sind die schönsten und zugleich eine Art Zauberfäden: Wenn ein solcher neben einen Unschönen zu liegen kommt, leuchtet er so stark, dass er den düsteren Faden überstrahlt, auflöst oder in eine andere Farbe verwandelt. Man kann aber auch tagsüber um Engelsfäden bitten. Wenn du z. B. ungeduldig bist, meine liebe Anna, darfst du deinen Engel bitten, er möge dir einen zartblauen Geduldsfaden bringen; dann hast du schon einen Anfang

und kannst selber weiterspinnen. Und falls du einmal bemerken solltest, dass du einen dunklen Ärgerfaden spinnst, dann zerreiss ihn und fang einen neuen an, der Engel bringt dir immer den Anfang, wenn du ihn danach fragst. Das tun Engel sehr gerne – nur bitten leider viel zu wenig Menschen um Engelsfäden ... Bis zum Ende des Erdenlebens hat jeder sein Kleid selber gewoben, mit dem seine Seele dann in den Himmelsgarten zieht. Wenn er später wieder zur Welt kommt, bringen die Engel sein Kleid in Frau Holles Webstube. Er erhält eine Spindel und kann von neuem anfangen, dunkle Fäden durch Goldfäden zu ersetzen oder in farbige zu verwandeln. Das tut er so lange, bis sein Kleid ebenso schön strahlt, wie das der Engel – dann darf er für immer im Himmelsgarten bleiben und mithelfen den Menschen auf Erden Engelsfäden zu verteilen ...« »Oh ja, das möchte ich auch tun«, murmelte Anna und schlief ein.

Hinweis: Diese Geschichte passt auch zur Pfingstzeit, wenn der Holunder (Frau Holle hat dem heilenden Busch den Namen gegeben) blüht. Der Regenbogen gehört als Sinnbild, das Himmel und Erde verbindet, zu Pfingsten. Alle Farben des Regenbogens bringen uns die himmlischen Geister oder Engel, wenn wir Gott darum bitten (= Gaben des heiligen Geistes). Im Zentrum der Geschichte steht einerseits die persönliche Verantwortung für unser Handeln, andererseits die alles wandelnde und heilende Kraft der Liebe und des Glaubens.

Frau Holles heisse Schokolade
Milch, Kakaopulver, Zucker aufkochen; Sahne mit dem Mark einer ausgekratzten Vanilleschote (oder einem Päckchen Vanillezucker) würzen, schlagen und als Schneeflocken auf die Kakaotassen geben.
Idee aus dem empfehlenswerten Buch von Renate Ferrari: Spür die Stille im Advent. Christophorus Verlag, Freiburg 1999.

Weihnachtszeit heute
Dafür sensibilisierten Menschen gilt diese besondere Zeit im Jahr auch heute noch als heilig. Sie gestalten sie, ähnlich wie die Karwoche, als geschenkte Tage der Einkehr und der Besinnung. Einige achten in dieser Zeit besonders auf ihre Träume, in denen sie Weisung für ihre persönliche Entwicklung und Lebensaufgabe zu empfangen versuchen. Auch mit Kindern können diese Weihnachtstage als Zeit der Erfüllung (im Gegensatz zur Erwartung in der Adventszeit) werden, indem wir uns Zeit füreinander nehmen, im Kerzenschein beim Tannenbaum sitzen, Lieder singen, Geschichten erzählen, Träume besprechen, Massagen schenken, Winterspaziergänge unternehmen ...
Es macht Sinn, nicht schon am 26. Dezember den Christbaum abzuräumen und den Alltag noch ein bisschen hinauszuschieben, die Festtage zu geniessen.

Der Postkartenkalender
Um den zwölf heiligen Nächten ein besonderes Gewicht zu geben, können wir die Kinder mit einem Postkartenkalender überraschen. Auf einem mit Goldpapier beklebten Karton erscheint jeden Morgen eine Postkarte mehr

(mit Fotoecken befestigen), die sinnbildlich für die 12 Monate des folgenden Jahres stehen. Die Karten können Bezug nehmen auf die Naturstimmungen in den einzelnen Monaten oder aber auf die verschiedenen Feste und Feiertage quer durch das Jahr. Vorschlag für Motive: Januar (Anbetung der Könige), Februar (Lichtmess), März (Erzengel Gabriel/Verkündigung oder Ostern), April (Ostern, Auffahrt), Mai (Pfingsten), Juni (Johanni), Juli (Zwerge oder Elfen), August (Kräuterweihe/Maria Himmelfahrt), September (Erzengel Michael oder Erntedank), Oktober (Erzengel Raphael oder Franz von Assisi), November (Martinus oder Elisabeth), Dezember (Weihnachten). Unter die Karten schreiben wir die entsprechenden Monatsnamen mit sorgfältiger Schrift auf den Goldkarton.

Im Raffael-Verlag, Stockhornstrasse 5, CH-3063 Ittigen, Tel. 0041 (0)31 921 77 00, findet sich eine Vielzahl von Motiven zu den Jahresfesten (Katalog verlangen).

Winterzeit – stille Zeit

Winter-Spaziergänge

Jetzt ist die Zeit für Spaziergänge in die verschneite Landschaft, wo die heilsame Ruhe, das Schweigen, der Winterschlaf geradezu »greifbar« werden für unser Empfinden. Es ist diese heilige, heilende Stille, welche alles Aufgewühlte im wahrsten Wortsinne stillt. Die Wunden, welche die Stürme des Lebens geschlagen haben, die Hitze, die Unrast – alles kommt unter der weissen, besänftigenden Schneedecke zur Ruhe. Die Seele weitet sich aus, wird zum Gefäss und hinein senkt sich eine milde, reinigende Klarheit – ein Erkennen – ein Verstehen – ein stilles Lächeln ...

Schneesterne

Wenn es schneit, können wir draussen mit einer Lupe die vielfältigen Formen der sechseckigen Schneekristalle erkennen, auf einem schwarzen Papier oder Tuch ganz besonders gut. Zu Hause wollen die Kinder sicher gerne ihre eigenen Schneeflocken kreieren: Mit einem Zirkel oder einem runden Ge-

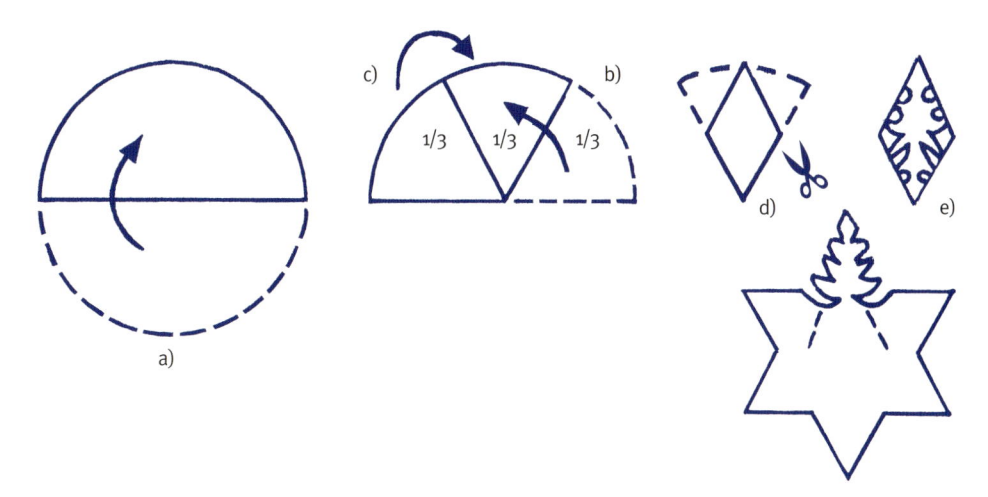

genstand Kreise in verschiedener Grösse auf ein Papier zeichnen und ausschneiden.

Falten: Kreis in die Hälfte falten a); eine Seite so einlegen, dass das freibleibende Stück gleich gross ist b); das freie Stück nach hinten falten c); Ecken rechts und links so abschneiden, dass eine Spitze entsteht (= Sternzacken) d); ringsherum Muster einschneiden e); aufklappen.
Die Schneesterne können Fensterscheiben zieren und uns tanzende Flocken vorgaukeln. Sie sehen aber auch dekorativ aus auf Servietten, Schreibkärtchen oder an aufgehängten Gazetüchern in winterlichen Blau-und Grüntönen.

Tiere im Winter
Kinder möchten gerne wissen, wo sich die vielen Tiere verborgen halten, die das Jahr über zu beobachten waren.
Susanne Riha: Wir schlafen bis der Frühling kommt. Anette Betz Verlag, 2002. Wunderschön illustriertes Sach-Bilderbuch.

Lieder

Schnee und Eis/Schnee und Ys

Schnee und Eis, Schnee und Eis, al-les glit-zert sil-ber-weiss.
Schnee und Ys, Schnee und Ys, a-les glit-ze-ret sil-ber-wyss:

Dä-cher, Häu-ser, Zäu-ne, Stüt-zen, al-le tra-gen weis-se Müt-zen.
Tä-cher, Hüü-ser, Züün und Lat-te, al-les hät e wys-si Chap-pe.

Schnee und Eis, Schnee und Eis, al-les glit-zert sil-ber-weiss.
Schnee und Ys, Schnee und Ys, a-les glit-ze-ret sil-ber-wyss.

Schneeflöcklein/Schneeflöckli

1. Schnee - flöck - lein, Weiss - röck - lein, du nied - li - cher Stern.
1. Schnee - flöck - li, Wyss - röck - li, du her - zi - ge Stern.
Du bringst uns den Win - ter, wir ha - ben dich gern.
Du bringsch öis de Win - ter, mir händ di so gern.

2. Schneeflöcklein, Weissröcklein,
fliegst weit übers Land.
Komm sitz auf mein Fenster, sitz mir auf die Hand.

Schweizer Mundart
2. Schneeflöckli, Wyssröckli,
flüüg wyt übers Land.
Chumm sitz uf mys Feischter, chumm sitz mer uf d Hand!

Traditionell.
Aus: Spiele und Lieder für den Kindergarten.
ABC-Propaganda-Verlag, Zürich.

Bilderbücher:
– Astrid Lindgren: Tomte Tummetott.
Verlag Friedrich Oetinger, Hamburg 1992.

– Astrid Lindgren: Tomte und der Fuchs.
Verlag Friedrich Oetinger, Hamburg 1991.
Winterliche Geschichten eines liebenswürdigen Haustrolls.

– Ernst Kreidolf: Ein Wintermärchen.
ars edition, München 2002.
Schneewittchen besucht die Zwerge im Winter; illustriert mit zauberhaften Aquarellen.

Massage

Auf einer kuscheligen Decke oder einem weichen Fell zu liegen, bei Kerzenlicht und sanfter Musik liebevoll massiert zu werden, ist nicht nur wohltuend, sondern stärkt eine vertrauensvolle Beziehung und kann in schwierigen Lebenssituationen auch später (z. B. während der Pubertät) Trost und Zuwendung schenken. Kleine Kinder lieben es, wenn man ihnen zum Massieren/Streicheln eine Geschichte erzählt: Die Sonne schickt ihre Strahlen über die Glieder aus (= strahlenförmig in alle Richtungen nach aussen streichen), Regentropfen platschen auf die Haut (= mit den Fingerspitzen trommeln), Schnee fällt sachte nieder (= ganz sanfte weiche Berührungen mit den Fingerspitzen), ein Tier trampelt, tapst, krabbelt, schleicht, hüpft, trippeln, watschelt ... auf dem Rücken herum (= Bewegung mit den Händen nachahmen), eine Ente kneipt mit ihrem Schnabel in den Po (= mit drei Fingern viel Haut hochheben) oder ein Vögelchen pickt Sonnenblumen-Kerne (= nur mit zwei Fingern ganz wenig Haut hochheben), ein Blumengarten wächst auf dem Rücken (= mit den Händen zeichnen), ...

Anleitungen zum selbst Herstellen von duftenden Massageölen, feinen Cremes und heilenden Salben finden sich im Sommerband dieser Reihe »Von Pfingsten, Mittsommer, Zwergen und Elfen« im Kapitel »Maria Kräuterweihe«.

Literaturhinweis:
Heidi Velten/Walter Bruno: Harmonische Kindermassage. Gondrom Verlag, Bindlach 2005.

Träume

Gott redet einmal auf diese Weise, einmal auf eine andere, nur beachtet man es nicht. Im Traum, im Nachtgesicht, wenn der Schlaf auf den Menschen fällt, öffnet Gott ihm das Ohr. (Hiob 33,14 f)

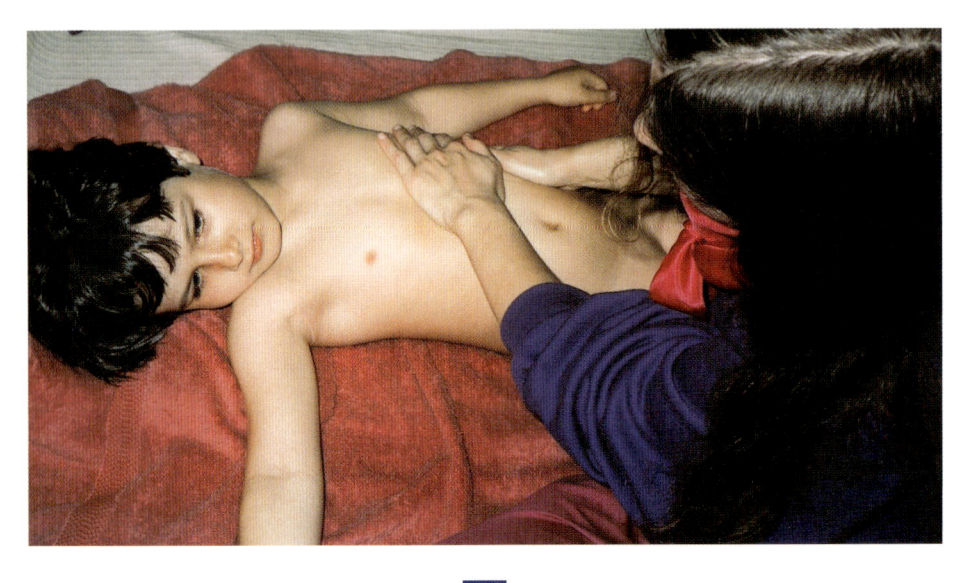

Ein ungedeuteter Traum gleicht einem ungelesenen Brief.
   AUS DEM TALMUD, JÜDISCHE ÜBERLIEFERUNG

Einführung
Die Weihnachtsgeschichte berichtet von einigen bedeutsamen und folgenschweren Träumen: Josef wird von einem Engel des Herrn angewiesen, seine Verlobte zu sich zu nehmen. Als die Verfolgung des König Herodes droht, wird Josef vom Engel des Herrn auf die Flucht nach Ägypten geschickt und auf dieselbe Weise wieder zurückgerufen. Die Weisen empfangen im Traum den Befehl, nicht zu Herodes zurückzukehren.
Die dunklen Wintermorgen und langen Winterabende laden geradezu ein über Träume nachzusinnen, sie einander anzuvertrauen und Deutungsversuche zu wagen. Wird diese Tätigkeit regelmässig gepflegt, führt sie zu einem wachstumsorientierten Klima in Familie und Gemeinschaft. Hinweis: Träume sind etwas sehr Persönliches. Es ist wichtig, sie nur dann zu erzählen, wenn man innerlich dazu bereit ist und nur an nahe stehende Vertrauenspersonen. Aber wie können wir unsere Träume verstehen oder deuten? Nachfolgend einige Anregungen:

Traumkategorien
Nicht jeder Traum ist gleich bedeutsam. Man kann zwischen verschiedenen Kategorien unterscheiden:

– Verarbeitungstraum des Tagesgeschehens (unverarbeitete Eindrücke finden im Traum eine Fortsetzung)

– Inhalte aus dem Unbewussten, der Erinnerung (werden meist durch ein Erlebnis am Tag ausgelöst, das wir sofort wieder vergessen haben, welches aber so wichtig für uns ist, dass es im Traum aufgenommen wird)

– Spiegelträume zeigen uns Alltagssituationen in Bildern, sodass wir diese mit neuen Augen von aussen betrachten und auf uns selber beziehen können = »in den Spiegel schauen« (z. B.: Handle ich so wie dieses ungeduldige Kind im Traum?)

– Verdauungstraum (nach einem scharfen Gericht träumen wir z. B. von einem Feuerlöscher in einer Küche; bei Blähungen werden wir von etwas oder jemandem bedrängt)

– Wunschtraum (im Traum haben wir das, was wir wollen)

– Angsttraum (jemand verfolgt uns, übt Gewalt aus oder stirbt)

– Zukunftsträume, Warnungen, Vorschauen, wie z. B. die Weisen bezüglich Herodes (meistens sind es keine echten Zukunftsträume, sondern entspringen unbewussten Ängsten = Angstträume oder deuten auf andere, seelische Veränderungen hin)

– Wegweisende Träume mit Anweisungen, Anregungen, Inspirationen zu unserer Lebenssituation (wie z. B. Josef bezüglich Maria)

– Antwortträume, wir bitten am Abend vor dem Einschlafen um eine Antwort (Probleme, Entscheidungskrisen, Erkenntnisfragen)

Was bedeuten die Traumbilder?
Die Sprache der Träume ist universell verständlich, wie die Bilder in den Gleichnissen Jesu, in Märchen und Fabeln. Beispiel: Ein Korn kann auf einem steinigen Boden nicht wachsen. Dies bedeutet, dass etwas Gutes sich nicht auswirken kann, wenn wir selber oder die Umgebung hart und unnachgiebig sind wie ein Stein (Man sagt z. B. auch: Er hat ein Herz aus Stein.). Unserem rationalen Verstand ist jedoch dieses Denken in Bildern und Analogien fremd geworden, wir müssen nach und nach wieder lernen, deren Bedeutung auf einer übertragenen Ebene zu verstehen. Ein Traumbild bedeutet selten genau das, was es in Wirklichkeit ist, sondern hat mit unseren Gefühlen, Erlebnissen, Vorahnungen und sehr oft mit unserer persönlichen Entwicklung zu tun. Es kommt darauf an, in welcher Lebenssituation wir zur Zeit stecken, was uns besonders beschäftigt. Träume ich z. B. von Kornsäcken, die ich anschaffen möchte, so kann das bedeuten, dass ich mir einen Erfahrungsschatz oder Wissen aneignen möchte, um aus dem Vollen schöpfen zu können. Werde ich von einem Hund gebissen, heisst das vielleicht, dass ich von einem aggressiven Menschen angegriffen werde oder Angst davor habe. Es kann aber auch zeigen, dass ich selber auf mich wütend bin. Man muss in sich hineinspüren lernen, was die Bilder jeweils für sich persönlich bedeuten.

Ein Traumbild, das häufig vorkommt ist, dass man z. B. träumt, man vergesse ein Baby oder ein geliebtes Haustier zu füttern; dies bedeutet im übertragenen Sinn, dass wir etwas, das uns lieb ist (z. B. einen Plan/ein Projekt, ein Hobby) vernachlässigen – eben »hungern« lassen.

Ein Traum- oder Symbollexikon kann eine Deutungshilfe sein. Allerdings darf man die Deutungen nicht einfach so übernehmen, sondern muss sie auf die persönlichen Gegebenheiten übertragen.

Literaturhinweise:
– Klausbernd Vollmar: Handbuch der Traumsymbole. Königsfurt Verlag, München 2000.
– Klausbernd Vollmar: Kurs in Traumdeutung. Professionell Träume deuten, Schritt für Schritt mit CD-ROM. Königsfurt Verlag, München 2005.
– Herder-Lexikon Symbole. Herder Verlag, Freiburg 2000.
– Eugene Gendlin: Dein Körper – Dein Traumdeuter. Verlag Otto Müller, Salzburg 1987.
– Gertrud Ennulat: Ich will dir meinen Traum erzählen. Königsfurt Verlag, München 2001. Mit Kindern über Träume sprechen.
– Llewellyn Vaughan-Lee: Spirituelle Traumarbeit, Ansata Verlag, 1990.

Folgende Fragen können uns helfen, einem Traum auf die Spur zu kommen:
– Wo spielt die Handlung?
– Wozu braucht man ... (z. B. einen Liegestuhl)?
– Was kann man damit ...?
– Was bedeutet für dich ...?
– Was fällt dir dazu ein?
– Welche Eigenschaften hat dieses Ding/diese Person? (Beispiel: mit einem

Auto komme ich schnell voran, mit einem Fahrrad ohne Luft nicht besonders)
- Wenn du »es« wärst ...? Könnte dieses Ding/diese Person einen Teil von mir darstellen? Beispiel: Bin ich vielleicht so wie dieses anschmiegsame Kätzchen oder möchte ich so sein können?
- Was geschah gestern?
- Was beschäftigt mich zur Zeit?
- Welchen Körperteil könnte es betreffen? (Ein Haus z. B. steht oft stellvertretend für den Körper oder die Seele: Der Estrich ist der Kopf, der Keller das Unbewusste, die Küche die Verdauung usw.)
- Wie ist die Umgebung (stürmisches Wasser z. B deutet auf aufgewühlte Gefühle)

Wie kann man sich besser an Träume erinnern?
Es kann eine Hilfe sein, Träume sofort nach dem Erwachen aufzuschreiben oder jemandem zu erzählen; möglichst viele Einzelheiten notieren. Was habe ich gesehen, gefühlt, gedacht? Was war der erste Gedanke beim Aufwachen? Wenn man ein Traumtagebuch führt, bleiben Träume besser im Gedächtnis und man kann auch Zusammenhänge zwischen verschiedenen Träumen feststellen. Schlechte Traum-Erinnerungsfähigkeit beruht manchmal auf einem Vitamin B6-Mangel.

Und wenn ich etwas ändern würde?
Träume führen uns nicht nur die momentane Situation bildlich vor Augen, sondern können Wachstumsimpulse vermitteln. Beispiel: Wenn ich nicht davongelaufen wäre ... oder wenn ich auf den »Feind« zugegangen wäre und ihm in die Augen geschaut hätte, um z. B. zu erfahren, was er in Wirklichkeit ist, oder um gegen ihn zu kämpfen?
Man kann den Traum in Gedanken noch einmal träumen (Tagtraum oder Wachtraum) und so verändern, dass man sich gut fühlt dabei. Einzelne Traumsequenzen können gemalt und übermalt, mit Lehm modelliert und verändert oder szenisch nachgespielt und neu gestaltet werden. Dies entspricht der Arbeit von Psychologen und Traum-Therapeuten, die ihre Patienten und Patientinnen auf diese Weise ermutigen, ihre Konflikte zu lösen und ihr Leben positiver zu gestalten, d. h. die Traumbotschaften in die Tat umzusetzen.
Der bekannte Theologe und Autor Jörg Zink meint dazu: »Träume sind die vergessene Sprache Gottes unter uns. Träume rufen uns zur Umkehr, zum Umdenken, zum Aufbruch, zu einer bestimmten Tat, zu einem Wort, das wir sprechen sollen. Im Traum kommen Signale aus der Tiefe des Menschen nach oben ins Bewusstsein. Und manchmal kommen die Zeichen, Bilder und Signale von Gott. Ich muss also auf meine Träume achten, damit ich nicht überhöre, was Gott mir sagen will.«
»Wer das einmal ernst genommen hat, für den ist die Vorstellung von Wesen und Mächten ausserhalb und oberhalb des Menschen im Grunde einfach und selbstverständlich. Ich habe einige der wichtigsten Einsichten in meinem Leben aus Träumen empfangen und nicht durch das, was der Kopf bei Tag dachte.«
(Aus: Jörg Zink: 12 Nächte. Verlag Herder, Freiburg 1994.)

Silvester/Neujahr

Historisches

Am 31. Dezember auf den 1. Januar begehen wir seit 153 v. Chr. den Jahreswechsel.

Der Name Silvester geht auf den Todestag des Papstes Silvester am 31.12.335 zurück, welcher zur Zeit des Kaisers Konstantin gelebt hat. Während seiner Amtszeit vollzog sich eine grundlegende und folgenschwere Änderung im Christentum und römischen Reich. Die bisher verfolgte Kirche ging mit der politischen Macht eine neue und ungewohnte Partnerschaft ein (was das Ende der schrecklichen Christenverfolgung bedeutete), sie verlor aber dadurch zum grossen Teil ihre Eigenständigkeit. Unter Kaiser Konstantins Diktat (Konzil von Nicäa 325) wurden die Arianer, die ein unabhängiges und ursprünglicheres Christentum vertraten, ausgebootet. Die jetzt römisch-katholische Kirche baute eine Machthierarchie mit einem Glaubensverständnis auf, das zunehmend von Dogmen geprägt war. Eigenständige Denker, welche von der vorgegebenen Linie abwichen, wurden als Ketzer verbrannt oder unter den Bann getan.

Rückblick – Vorschau

Die Vergangenheit gebiert die Zukunft: Was wir im Heute säen, dessen Früchte ernten wir im Morgen. Es handelt sich um eine Grunderfahrung menschlichen Seins, die jedoch im Alltag oft vergessen wird. Was sind unsere persönlichen Herausforderungen, Aufgaben, Lebensziele? Was wollen wir erreichen oder gemeinsam erleben? Können wir etwas zu einer besseren Welt beitragen – im kleinen Familienkreis, in der Unterrichtsklasse, in einer grösseren Gemeinschaft?

Ein Jahresrückblick in Schule oder Familie kann unterschiedlich gestaltet werden, je nach dem Alter der Kinder. Naheliegend ist sicher ein gemeinsames Gespräch mit Erinnerungsaustausch, allenfalls schauen wir gemeinsam Fotos an, erzählen Erlebnisse. Wir diskutieren, was wir im vergangenen (Schul-)Jahr gelernt haben und machen einen Ausblick auf die Zukunft – worauf wir uns freuen, was wir vorhaben, was wir lernen wollen usw. Wir können auch etwas gemeinsam gestalten, z. B. das vergangene Jahr als grosses Gemeinschaftsbild/Collage mit Zeichnungen, Ausschnitten aus Zeitschriften und Heften, Erlebnisberichten, evtl. Fotos und einer grossen Jahreszahl konstruieren. Ebenso kann dann das zukünftige Jahr mit Wunschvorstellungen, vielleicht unter einem gemeinsamen Motto gestaltet werden. Eine weitere, etwas individuellere Möglichkeit für ältere Kinder bietet ein schriftlicher Jahresrückblick oder Ausblick, bei dem man einen Bogen zum Ausfüllen vorbereitet und nach Belieben gemeinsam bespricht. Vorschläge:

Jahresrückblick

Glanzlichter:

Das schönste Geschenk, eine Überraschung, ein heiliger Moment, eine eindrückliche Begegnung (Mensch, Tier, Pflanze, Engel), ein gutes Konzert, Film, Theater, Fest, ein aufregender Erfolg, ein Erlebnis in der Natur, ein unvergesslicher Ausflug …

Schatten:

Was/wer verletzte mich, worüber war ich traurig, was war ein grosser Ärger, ein Misserfolg, was machte mir Sorgen/Angst/Stress/Druck, was hat mir nicht gefallen (an mir, an anderen, an der Welt) …?

Jahresausblick:
Worauf freue ich mich im neuen Jahr, was sind meine Wünsche fürs kommende Jahr, was kann ich selber dafür tun? Wo/wie/durch wen könnte ich Hilfe erhalten? Was möchte ich im alten Jahr zurücklassen, welche Vorsätze habe ich gefasst, welche Pläne fürs neue Jahr möchte ich verwirklichen, was mit der Familie/Freunden/Schulkolleginnen erleben, was planen wir gemeinsam und setzen es um, wie lautet mein Motto fürs nächste Jahr ... ?

Tägliche Rückschau
Wir können diese jährliche Rückschau als Anregung für eine tägliche kleine Rückschau nehmen: Sie kann den Kindern und uns Erwachsenen zur hilfreichen Seelenhygiene beim Erkennen und Verarbeiten von Schwierigkeiten werden. Wir verwenden die Rückschau als Mittel zur persönlichen Charakterschulung und um in der Betriebsamkeit des Alltags unsere Lebensziele (= Vorschau) nicht aus den Augen zu verlieren.

Silvesterbräuche und Spiele
Bei fröhlichem Beisammensein einen Blick in die Zukunft zu werfen oder das Glück fürs neue Jahr festzuhalten, liegt vielen Bräuchen zugrunde.

Blei giessen:
Bleistückchen werden in einer alten Suppenkelle auf die Glut gelegt, flüssig gemacht und anschliessend mit einer raschen Bewegung in einen Kessel kalten Wassers gekippt. In den bizarren Formen lassen sich allerlei spannende Dinge erkennen (ein Schiff, ein Paar, ein Baby, ein dorniges Gestrüpp mit einer Perle usw.). Diese deuten wir sinnbildlich für das kommende Jahr. Anstatt des giftigen Bleis kann auch Wachs in einem Suppenlöffel über einer Flamme geschmolzen und ins Wasser gegossen werden.

Gebastelte Tischbombe:
Eine leere, runde Kakao-Dose überziehen wir mit buntem Papier. Nahe dem Dosenboden bohren wir auf beiden Seiten ein Aufhängeloch in die Seitenwand, damit die Dose verkehrt aufgehängt werden kann. Unsere »Bombe« füllen wir mit Süssigkeiten, Silvesterschlangen, Trillerpfeifen, Federn usw. Anschliessend blasen wir einen Ballon auf (etwas grösser als der Umfang der Dose), verknoten ihn und verschliessen die Dose, indem wir den Ballon in die Deckelöffnung schieben. An den Ballonknoten binden wir ein Stück synthetische Zündschnur. Bombe/Dose an der Decke aufhängen, Zündschnur anzünden – wumm!

Silvester-Batzen:
Geld und Gut sollen einem im neuen Jahr nie ausgehen; daher rührt vielleicht der Brauch, dass Kinder an Silvester, dem 31. Dezember einen »Batzen« erbitten dürfen: »Heute ist Silvester, morgen ist Neujahr, gib mir ein Geldstück, sonst zieh ich dich am Haar!«

Krepp-Papier-Hüte:
Wir legen buntes Krepp-Papier, Klebestreifen und einen Hefter bereit. Auf »Los« kreieren sich zwei zusammengehörende Personen (vorher bestimmen) gegenseitig eine fantasievolle Kopfbedeckung fürs neue Jahr (Zeit ca. 20 Min.). Anschliessend wird der originellste Hut ausgewählt und prämiert.

Bildbrote:
Aus vorbereitetem Brot- oder Zopfteig formt jedes sein Brot fürs Neujahrs-Frühstück selbst und gibt ihm eine symbolische Form für seine Wünsche (ein Herz, ein lachendes Gesicht, eine Schultasche, eine Blume, eine Spirale, ein Pärchen).

Neujahrsgeschichten oder Gedichte:
Wir sitzen um einen Tisch und geben einen Zettel im Kreis herum. Alle Teilnehmenden schreiben ein beliebiges Wort auf und falten das Papier mit dem Wort nach hinten, sodass der Nächste nicht weiss, was vorher aufgeschrieben wurde.
Wenn der Zettel um den ganzen Tisch gewandert ist, wird er aufgefaltet und vorgelesen. Aus den Wörtern muss dann eine Geschichte erfunden (alle zusammen oder jede/r für sich) oder ein Gedicht geschrieben werden, der beste Text wird prämiert.

Theater spielen:
In einem selbst erfundenen Theaterstück spielen wir mit Kasperle-Figuren ein Neujahrsmärchen für die übrigen Familienmitglieder und Gäste. Die Inhalte können von lustig bis besinnlich sein, z. B. »Warum im Schloss des Königs Omnipotens alle Uhren um 5 Minuten vor Mitternacht stehen blieben« oder »Die Prinzessin fällt in die Spalte zwischen den zwei Jahren ins Märchenreich. Was erlebt sie dort, bis der Kasperle sie befreit?« u. a. m. Die Theaterstücke können wir natürlich auch selbst aufführen. Verkleiden und in eine andere Rolle schlüpfen gehört ohnehin zu den liebsten Spielen aller Kinder. Alte Hüte, Kleider und allerlei Requisiten bereitlegen (Taschen, Werkzeuge, Besteck, Bälle, Plüschtiere, Tücher, Sicherheitsnadeln, Schnüre ...). Oft sind die spontanen Theater die lustigsten.

Feuerwerk/Lärm:
Um böse Geister zu vertreiben, wurde seit alters her beim Jahresübergang gelärmt, geschossen und Feuerwerkskörper entzündet. Ob das die bösen Geister wohl beeindruckt? Heute wenden wir uns lieber den guten Geistern (Engeln) zu, danken Gott für deren Schutz und Führung und bitten sie, uns auch im folgenden Jahr zu begleiten. Dazu eignet sich die Jahresübergangs-Meditation.

Jahresübergangs-Meditation
Nach den fröhlich-bunten Spielen und den vielen guten Wünschen zum Jahresanfang nehmen sich ältere Kinder und Erwachsene Zeit für ein kurzes, meditatives Zusammensein im Freundes-/Familienkreis. Zur Beruhigung löschen wir das Licht aus – vielleicht sitzen wir auf Kissen am Boden im Kreis um eine brennende Kerze. Ein gemeinsames Danklied fürs vergangene Jahr oder ein stilles Gebet könnten folgen. Jemand liest ein passendes Gedicht oder eine besinnliche Geschichte vor. Falls Engelskarten vorhanden sind, können alle TeilnehmerInnen 1-2 Karten ziehen und den anderen erklären, was die Engel einem sagen oder sich von der Deutung anderer inspirieren lassen. Eine weitere Möglichkeit: Wir legen gemeinsam eine Spirale aus Edelsteinen und jede/r sagt zu dem Stein den sie/er abgelegt hat, was er persönlich bedeutet (ein Wunsch, ein Vorsatz, ein Symbol für ...). Die Steine können uns durchs neue Jahr begleiten und an unsere Anliegen erinnern.

Lied

Danke für dein gutes Jahr

Kehrvers: Alles schenkt Gott uns wunderbar. Herr, geh mit uns von Jahr zu Jahr!

1. Im **Januar** gibt's Eis und Schnee,
der tut uns Kindern gar nicht weh.
Die Felder liegen starr und weiss.
Wir laufen Schlittschuh auf dem Eis.

2. Der **Februar** ist auch noch kalt.
Hörst du die Krähen schrein im Wald?
Komm, hol doch deinen Schlitten raus,
wir laufen schnell zum Berg hinaus.

3. Im **März** die ersten Blumen blühn,
siehst du die Vögel nordwärts␣ziehn?
Wir suchen dann beim Osterfest
die Eier in dem bunten Nest.

4. Ganz lustig ist es im **April**,
der weiss ja gar nicht, was er will.
Mal neckt er uns mit Sonnenschein,
dann treibt uns Schnee ins Haus hinein.

5. Der **Mai**, der macht die Käfer wach,
die Amsel zwitschert auf dem Dach.
Er ruft den Storch, den Forsch herbei,
so lustig ist der Monat Mai.

6. Im **Juni** spriesst das grüne Feld,
wie bunt und schön ist unsre Welt.
Der Bach, der gluckst, die Lerche singt,
das Fohlen auf der Wiese springt.

7. Der **Juli** schenkt uns hitzefrei,
hinein ins Wasser: eins, zwei, drei!
Wir buddeln tief im warmen Sand
und sind schon bald ganz brau gebrannt.

8. **August** der ruft dem Regen zu:
»Ich sperr dich ein, lass uns in Ruh!«
Es blühen Mohn und Rittersporn
und auf dem Feldern reift das Korn.

Bilderbücher
– Peter Grosz/Maja Dusikova: Alina, Aluna und die zwölf Monatsbrüder.
Nord-Süd Verlag, Gossau 1996.
Die 12 Monatsbrüder schenken dem Sonnenkind Alina mitten im Winter Veilchen, Himbeeren und Äpfel. Es rettet seine Mondschwester Aluna in der eisigen Nacht.

– Dubravka Kolanovic: Anna und das Rotkehlchen. bohem press, Zürich 2004. Ein Bilderbuch durch die vier Jahreszeiten (für Vorschule und Kindergarten)

– Susanne Riha: Mein erstes Buch vom ganzen Jahr, Annette Betz Verlag, Wien 1999. Bilderbuch mit zwölf wunderschönen Monatsbildern und Sachtext zum Naturerleben.

9. **September** sagt: Nun ist es Zeit,
ihr Vögel, ihr müsst fliegen weit.
Die Drachen stehen hoch im Wind,
kommt auf die Felder nun geschwind.

10. **Oktober** ruft die Stürme her,
die Felder liegen kahl und leer.
Der Fuchs kriecht in den Bau hinein,
und auch der Maulwurf gräbt sich ein.

11. **November** lässt die Nebel wehn,
ich kann kaum bis zur Strasse sehn.
Doch auch in dunkler, grauer Zeit,
da leuchtet uns ein Licht von weit.

12. **Dezember** zieht ganz leis heran.
Wir malen unsre Krippe an.
Hoch überm Stall der Stern dort – seht!
Die Tür für alle offensteht.

Text: © Barbara Cratzius.
Melodie: © Herbert Ring.
aus: B. Cratzius, Kinder im Kirchenjahr.
Brunnen Verlag, Giessen.

Vorlesen
– Hermine König: Das grosse Jahresbuch für Kinder. Kösel-Verlag, München 2001. In einer leicht verständlichen Sprache für Kinder geschrieben, aber auch sehr gut zum Vorlesen geeignet. Mit vielen spannenden und informativen Texten (z. B. wie der Kalender entstanden ist, was die Raunächte beinhalten usw.), Bastelideen, Rezepten, Liedern und Spielen durchs ganze Jahr hindurch. Reich illustriert – sehr empfehlenswert.

Arbeitshilfen dazu:
– Hermine König: Feste feiern – Bräuche neu endecken. Arbeitshilfe zum Grossen Jahresbuch für Kinder. Kösel Verlag, München 2001. Für Grundschule, Hort, Kindergarten und Familie.

6. Januar

DREIKÖNIGSFEST

Die Hl. Drei Könige
(romanisch, um 1220-1230)

Einführung/Historisches

Am 6. Januar feiern wir das Fest der Weisen aus dem Morgenlande. Der Dreikönigstag bildet gewissermassen den »krönenden« Abschluss der Weihnachtszeit.

Das heutige Dreikönigsfest wurde ursprünglich als Epiphania Domini (= Erscheinung des Herrn) gefeiert. Es handelt sich um eines der ältesten christlichen Feste, welches in der Ostkirche bereits seit dem 2. Jh. begangen wurde und im Laufe der Zeit verschiedene Umdeutungen durchgemacht hat. Der 6. Januar hatte schon in vorchristlicher Zeit seine besondere Bedeutung als Abschluss der 12 geweihten/heiligen Nächte und als Perchtentag. In Alexandrien (Ägypten) feierte man am 6. Januar die Geburt des zukünftigen Aion-Kindes (welches das goldene Zeitalter repräsentiert, griechisch Aion = Zeitalter) aus der Jungfrau Kore. Die Erwartung des neuen Herrschers für jenes goldene Zeitalter war mit astronomischen Beobachtungen verbunden. Ursprünglich gedachte man an diesem Tag sowohl dem leiblichen Erscheinen Jesu bei seiner Geburt (in der Ostkirche mancherorts bis heute so Tradition), als auch der Taufe Jesu im Jordan[5], bei welcher er vor vielen Menschen als Sohn Gottes, als Christus erschien, verherrlicht/bestätigt wurde. Ein Ereignis also, das gewissermassen seiner »Geburt in die Öffentlichkeit« entsprach, nach welchem er gegen aussen hin als Gesandter Gottes wirkte. Seit dem 4. Jh. wurde der 6. Januar zusätzlich noch als Gedenktag der Hochzeit zu Kana begangen, wo Christus als Herr über Wasser und Wein erschien (in vorchristlicher Zeit galt der 6. Januar auch als Dionysostag, der dem Weingott gewidmet war, daher kommt die christliche Umdeutung von Christus als wahren Dionysos). Im Westen brachte man das Fest schon früh (bereits im 4. Jh.) mit dem Erscheinen/Aufscheinen des Sterns, resp. der göttlichen Herrlichkeit Christi für die ersten Boten der Heidenwelt, die Sterndeuter aus dem Morgenland, in Verbindung (vgl. Mt 2,1-12).

Wie aus Weisen die drei Könige wurden

Die Bibel berichtet von Weisen unbestimmter Anzahl (griech. magoi[6]) = Angehörige der medisch-persischen Priesterkaste, Seher, Stern-, Traum- und Orakeldeuter), die aus dem Morgenland kamen (Mt 2,1). Vermutlich wegen der in der Bibel erwähnten drei Gaben wurde seit Origenes (3. Jh.) von drei Männern gesprochen. Auf Darstellungen aus dem 4./5. Jh. sind es Perser mit den damals typischen Kopfbedeckungen. Gestützt auf das Psalmenwort (72,10-12) »Die Könige von Tharsis und den Inseln müssen Geschenke geben, und die Könige von Saba und Seba müssen Gaben darbringen. Alle Könige müssen ihm huldigen, alle Völker müssen ihm dienen ...« und Jesaja (60,3) »... und

---

[5] Der noch heute mancherorts (z. B. im Libanon) bestehende Brauch, in der Nacht auf den 6. Januar Wasser aufzustellen oder zu holen, da es dann besonders geheiligt werde, geht auf dieses Taufgedächtnis zurück. Ebenso die katholische Weihung des Dreikönigswassers, das zum Segnen der Wohnung ausgesprengt wird.

[6] Der Begriff »Magie« soll aus dem Sanskrit »maja« abgeleitet sein, das »Spiegel« (Gottes und der Gesamtschöpfung) bedeutet. Danach wäre ein Magier »ein in diesen Spiegel Schauender«. Diese Bezeichnung ist seit 1100 v. Chr. im Orient nachgewiesen.

Völker werden zu deinem Licht ziehen und die Könige zum Glanz, der über dir aufgeht« und im Zusammenhang mit den kostbaren Gaben wurden die Weisen schon in den ersten christlichen Jahrhunderten (Kirchenschriftsteller Tertullian, ca. 160-220) als Könige gedeutet. Seit dem 9./10. Jh. wurden sie in der Kunst mit Goldreifen/Kronen dargestellt. Ab 500 werden z. T. unterschiedliche Namen erwähnt und seit dem 8. Jh. gelten die heute bekannten: Kaspar (pers. = Schatzmeister), Melchior (hebr. = König des Lichts) und Balthasar (babyl. = Baal schütze das Leben des Königs). Die drei Weisen können als Vertreter der drei Lebensalter, der drei (damals bekannten) Erdteile und der drei Urrassen/Hautfarben verstanden werden, welche als Repräsentanten aller Völker und Religionen zur Krippe kommen (die Namen- und Rollenzuteilung ist allerdings nicht überall einheitlich): Balthasar/Greis/weisser Europäer, Melchior/Mann/gelber Asiate und Kaspar/Jüngling/schwarzer Afrikaner. (Da Kaspar in den Dreikönigsspielen – seit dem 18 Jh. wurden Krippenspiele auch mit Marionetten aufgeführt – allerlei erheiternde Einlagen brachte, wurde er zu der gewitzten Figur, wie sie in unserem Kasperle-Theater fortlebt.) Aus der Bibel erfahren wir nichts über den weiteren Aufenthalt der Könige, welche, nachdem sie das göttliche Kind gefunden hatten, auf einem anderen Weg heimgekehrt waren. Die Legende berichtet, dass die drei durch Apostel Thomas getauft, zu Bischöfen geweiht und nach grossen missionarischen Erfolgen nur wenige Tage nacheinander gestorben und gemeinsam begraben worden seien. Die Gebeine sollen zuerst nach Konstantinopel (heutiges Istanbul), anschliessend nach Mailand und im 12. Jh. nach Köln überführt worden sein. Der prächtige Schrein aus Gold und Edelsteinen im Kölner Dom wird bis heute von Menschen aus aller Welt besucht und bewundert. Die drei Weisen wurden auch als Patrone der Reisenden verehrt; die Gasthausnamen »Zum Mohren«, »Krone«, »Sternen«, »Drei Könige« weisen noch darauf hin.

Die Gaben der Weisen

Gold, Weihrauch (wohlriechendes, hart gewordenes Harz des Weihrauchstrauches) und Myrrhe (balsamisch riechende, herb-bitter schmeckende Flüssigkeit, die aus den Kerben des Myrrhenbaumes tropft) gehörten im Altertum zu den seltenen und teuren Kostbarkeiten und waren tatsächlich eines Königs würdig. Im Orient war es nämlich Sitte, besonders vor Höherstehenden nicht ohne Geschenke aufzutreten.
Die drei Gaben wurden im Laufe der Zeit auch sinnbildlich gedeutet:

Myrrhe
– Gilt Jesus, dem **sterblichen Menschen**. Mit Myrrhe wurden die Toten einbalsamiert, steht aber auch für Jesus als Arzt, der tröstet, heilt und vom Tode erlöst. Myrrhe wurde als schmerzlindernde Salbe und Myrrhenwein verwendet. Christus selbst lehnte diesen ihm angebotenen Myrrhewein am Kreuz ab (vgl. Mk 15,23).

– Bild des Opfers am Kreuz, der Hingabe und des Trostes.

– Praktische Bedeutung: Massageöl, mit dem Maria das Jesuskind einreiben, wärmen und stärken konnte.

Weihrauch
– Gilt Jesus, dem **göttlichen Wesen**. Er war im AT wichtigster Bestandteil des Räucherwerkes und wurde als Opfer und nur bei Gottesdiensten verwendet, um die Seele für die göttliche Welt öffnen zu helfen.

– Bild der Andacht, der Verehrung und des Gebets (vgl. Off 5,8).

– Praktische Bedeutung: um den üblen Geruch im Stall zu beseitigen.

Gold
– Gilt Jesus, dem **himmlischen König**, der Macht und geistigen Reichtum besitzt.

– Bild des inneren Lichts, der geistigen Werte, wie Liebe und Erkenntnis (= Weisheit).

– Praktische Bedeutung: um die Armut des neugeborenen Kindes zu lindern resp. den Aufenthalt in Ägypten (nach der Flucht) zu finanzieren.

Der Weihnachts-Stern

Stern heisst griechisch »aster«, was auch mit »leuchtende Himmelserscheinung« übersetzt werden kann. Der Stern, den die Weisen »im Morgenland gesehen haben« und der »vor ihnen herging, bis er über dem Ort stille stand, wo das Kindlein war«, bewegte die Gemüter seit jeher. Schon im AT ist von ihm die Rede: »Ich sehe ihn, aber nicht jetzt; ich schaue ihn, aber nicht von nahem. Es wird ein Stern aus Jakob aufgehen und ein Zepter aus Israel aufkommen und wird zerschmettern die Schläfen der Mohabiter und den Scheitel aller Söhne Seths ...« (4. Mose 24,17-19) »Und die Völker werden zu deinem Licht ziehen und die Könige zum Glanz, der über dir aufgeht.« (Jes 6,3) Obwohl sich die beiden Bibelstellen sinnbildlich auf den Messias beziehen, brachte man sie mit dem sagenhaften Stern in Verbindung.

Die Geschichte der Weisen im Matthäus-Evangelium mutet so wunderbar märchenhaft an, dass sie meist als schöne Geburtslegende verstanden wird. Betrachtet man jedoch die astronomischen Gegebenheiten zu der (heute mit grosser Wahrscheinlichkeit angenommenen) Geburt Jesu um 7 vor unserer Zeitrechnung, so erweist sich die Himmelserscheinung und der detailgetreue biblische Bericht als Ereignis, das tatsächlich stattgefunden haben könnte. Die Weisen kamen aus dem Osten (Morgenland). Im Osten von Jerusalem liegt Babylon, das Zweistromland zwischen den Flüssen Euphrat und Tigris (heute Irak). Das besondere Interesse der Babylonier galt den Sternen, welche sie als Zeichengeber und Sitz der Götter verstanden. Sie konnten deren Läufe berechnen und Himmelserscheinungen voraussagen, besassen also ein beachtliches astronomisches Wissen. Für die so genannten Priesterastronomen hatte jeder Stern und jedes Tierkreiszeichen (Sternbild) seine Bedeutung: Jupiter war der höchste unter den Planeten und beeinflusste das Schicksal der Könige. Der Planet Saturn war bestimmend für das Schicksal der Juden (noch zu erkennen im englischen saturday/Saturntag/Samstag, dem heiligen Sabbat der Juden). Wenn die zwei Planeten, welche die Sonne auf verschiedenen Bahnen umkreisen, in eine Nahstellung kommen, sodass sie, von der Erde aus gesehen, zusammenstehen, nennt man das eine Konjunktion. Die Konjunktion Saturn/Jupiter ist ein seltenes Ereignis und eine auffällig leuchtende Himmelserscheinung. Sie war das letzte Mal 1981 (14. Jan., 19. Febr., 30. Juli) zu beobachten und wird erst wieder im Jahr 2040 zu sehen sein. Eine solche Konjunktion von Jupiter (Königsstern) und Saturn (Stern der Juden) berechneten und beobachteten die babylonischen Sterndeuter im Jahr 7 v. Chr. (bezeugt durch Keilschriftaufzeichnungen der babylonischen Astrologenschule in Sippar).

Sie wiederholte sich dreimal innerhalb eines Jahres. Sie fand am Ende des Tierkreises im Wasserzeichen Fische[7] statt, das für Fruchtbarkeit und Geburt stand und zudem als Symbol des »Westlandes« (von Babylon aus gesehen) am Mittelmeer galt, also dem damaligen Palästina: Der lang erwartete König der Juden – diese Verheissung war auch in Babylonien bekannt (Zeugnisse von Keilschrifttafeln; auch die persischen Zarathustrier erwarteten einen Heilsbringer) – wird in Israel geboren werden, ein Ereignis, das die Magier zu ihrer Reise veranlasste.

Ein Komet als Weihnachtsstern kommt nicht in Frage, denn Kometen galten seit jeher als Unglücksbringer und waren verantwortlich für Pest, Hungersnöte, Erdbeben und Kriege, was die Weisen vielmehr von einer Reise abgehalten hätte. Weil die Magier eine lange Reise vor sich hatten, auf welcher sie die ganze syrische Wüste durchqueren mussten, brachen sie vermutlich schon nach dem Aufscheinen der ersten Konjunktion (29. Mai), sicher aber nach der zweiten vom 5. Oktober auf. Da immer die dritte Konjunktion als die bedeutsamste galt (zweimal ankünden, das dritte Mal das Ereignis selber) und in diesem Fall auch die auffälligste, könnte man davon ausgehen, dass Jesus anfangs Dezember 7 vor unserer Zeitrechnung geboren worden ist. Zu diesem Zeitpunkt dürften die Weisen in der Hauptstadt Jerusalem angekommen sein, wo sie sich im Königspalast des Herodes nach dem neugeborenen König der Juden erkundigten[8]. Die Schriftgelehrten und Hohepriester wussten aufgrund einer alttestamentlichen Prophezeiung, in welcher Stadt der verheissene Messias geboren werden würde, nämlich in Bethlehem. »Denn du Bethlehem ... aus dir soll mir hervorgehen, der Herrscher in Israel werden soll; sein Ursprung ist in der Vorzeit, in unvordenklichen Tagen. Darum gibt er sie nicht preis bis zu der Zeit, da sie, die gebären soll (Maria), geboren hat und der Rest seiner Brüder zu den Kindern Israels heimkehrt ... und das wird das Heil sein.« (Micha 5,1-5)

Wenn man davon ausgeht, dass die Weisen in der Abenddämmerung, wenn die Sterne aufscheinen (die eine Orientierung ermöglichen) von Herodes weggingen, standen die Sterne

---

[7] In der altjüdischen Überlieferung galt der Fisch zudem als Zeichen des Messias, weshalb er für den jüdischen Schriftsteller Matthäus besonders bedeutsam war. Bis heute wird bei der jüdischen Freitagabendfeier (wenn der Sabbat beginnt) der auf die messianische Endzeit hinweisende Fisch als messianische Speise und Vorbote des Paradieses gegessen.

[8] Herodes war ein von den Römern eingesetzter Stadthalter, der vom Volk nicht anerkannt war und in ständiger Angst vor Aufständen lebte. Zudem waren die Juden von einer starken Messias-Erwartung beseelt; ihr Erlöser sollte sie von der verhassten römischen Besetzung befreien. Kein Wunder, dass Herodes erschrak. (Mt 2,3)

Saturn/Jupiter (nur bei dieser dritten Konjunktion) am südlichen Himmel. In dieser Richtung liegt aber auch Bethlehem. Da der Fussweg nach Bethlehem (8 km, ca. 2 Std.) einen leichten Bogen Richtung Südwesten beschreibt und der Sternenhimmel sich (infolge der Erddrehung) ebenfalls langsam von Süden nach Südwesten verschiebt, entsteht der Eindruck, als ob der Stern/die Himmelserscheinung vor einem herziehe, wie es in der Bibel heisst, bis er bei ihrer Ankunft über dem Geburtsort stillstand. (Der Stillstand ist ein astronomischer Ausdruck für eine von der Erde aus gesehene Rückläufigkeit/Wendepunkt eines Planeten.) Die Bibel berichtet nichts von einem Sternenschweif (womit der Weihnachtsstern üblicherweise wiedergegeben wird). Falls tatsächlich einer zu beobachten gewesen wäre, könnte es sich um das so genannte Zodiakallicht (pyramidenförmiger Lichtschein in der Richtung des Tierkreises) gehandelt haben, welches sich unterhalb der Konjunktion wie ein kleiner, glänzender Lichtkegel auf die Erde ergossen hätte.

Leitmotiv

Abschied von der Weihnachtszeit. Aufbruch zu unserem Königsweg durchs Jahr.

Sinnbider

Goldene Krone
Bild der Weisheit und Würde, aber auch der Verantwortung, die wir tragen: Wir sind König über unser Leben und haben weise Entscheidungen zu treffen; das kann uns niemand abnehmen. Wir müssen das Zepter selbst in die Hand nehmen:

» ... denn am Ende sind wir alle pilgernde Könige zum Ziele.«
(GOETHE)

Der Stern
Sinnbild für die göttliche Führung, das himmlische Zeichen, das Licht im Dunkeln, der Wegweiser in der Nacht.

Jahreszeiten-Tisch

Ein Bild der drei Weisen sollte nicht schwierig zu finden sein. Es gibt unzählige Darstellungen davon. Mit Krippenfiguren kann eine Szene der drei Weisen gestaltet werden. Vielleicht steht dort aber auch die Schatztruhe für den Familien- oder Schulkönig, die selbstverständlich nur er oder sie öffnen darf.

Esstisch

Er ist schon am Morgen festlich gedeckt, falls wir zum Frühstück einen Dreikönigskuchen (süsser Butterzopfteig) geniessen – heute zum letzten Mal weihnachtlich und ganz besonders schön: z. B. mit einem blauen Tischtuch, das den nächtlichen Himmel darstellt und mit Goldsternen verschiedener Grösse bestreut ist.

Brauchtum

Der Dreikönigskuchen
Per Los oder mit einer im Königskuchen eingebackenen Bohne wurde schon seit dem 13. Jh. ein König bestimmt, der mitsamt selbst gewähltem närrischen Hofstatt (Diener, Arzt, Mundschenk, Narr, Sekretär, Koch, Schneider, Sänger, Musikant) einen fröhlichen Abend verbrachte. Wenn der König trank, mussten alle rufen: »Der König trinkt« usw. Es war damals noch ein Spiel unter Erwachsenen, mit dem vielerorts auch die Fastnachtszeit begann. Der Königskuchen entwickelte sich möglicherweise aus dem »Rauchwecken«, der zum Abschluss der zwölf heiligen Nächte gebacken und als segenspendende Gabe an alle, auch die Haustiere, verteilt wurde. Möglicherweise geht er aber auch auf ein kultisches Gebäck zurück, das den Toten mit auf den Weg gegeben wurde. Er kann zusammen mit einer Papierkrone gekauft oder selbst gebacken werden, z. B. aus leicht gesüsstem Butterzopfteig nach Wunsch mit Rosinen. Kuchen formen: Um ein grosses Mittelstück werden so viele kleine Teigbällchen gelegt, als Personen anwesend sind. In einem oder drei Bällchen versteckt man eine Mandel, drei verschiedenfarbige Bohnen oder einen winzigen Plastikkönig. Mit Vorteil wird der Königskuchen zum Frühstück gegessen, denn wer den König/die Mandel/die Bohne in seinem Brötchen findet, darf den ganzen Tag über König oder Königin sein.

Die Krone können wir selbst aus Goldfolie/Drückblech basteln und verzieren. Wenn wir drei Könige bestimmen wollen, bereiten wir demzufolge drei Kronen vor, z. B. in den Primärfarben Rot, Blau und Gold. Aus einem Stab mit einer Styropor-Kugel oder einem Garnknäuel,

Goldstoff und breitem Goldband lässt sich sogar ein Zepter herstellen: Stoff um die Kugel legen, unten zusammenbinden, Goldband um den Stab wickeln – fertig.

Die Königsgaben
Damit kein Kind enttäuscht ist, wenn es nicht König/Königin wird, finden alle Familienmitglieder am Morgen des 6. Januar ein zurückgehaltenes Weihnachtsgeschenk unter dem Tannenbaum (der vielerorts am Dreikönigstag von Süssigkeiten geplündert und abgeschmückt wird) oder eine kleine Königsgabe auf ihrem Frühstücksteller. Es kann auch eine mit Goldfolie verzierte und mit Namen versehene Zündholzschachtel sein, die jedes Jahr wieder verwendet wird. Darin findet sich eine Überraschung wie z. B. ein Königs-Stein, ein Geldstück, eine kleine zusammengefaltete Geschichte, ein Gutschein für einen Besuch im Planetarium oder in einer Sternwarte u. a. m. In der Schule dürfen die Könige den anderen Kindern z. B. einen goldenen Metallstern verteilen, der durchs neue Jahr begleitet.

Was darf der König/die Königin?
– Er/Sie darf aus einem goldenen Teller essen (Karton oder Kerzenteller aus Messing). Vielleicht bespritzen, lackieren wir sogar die Griffe einer alten Besteckgarnitur mit Goldfarbe. Diese darf nur heute und nur vom König/von der Königin benutzt werden. Kleinkinder-Könige dürfen ein Lätzchen aus Goldstoff umbinden.

– Er/Sie darf sich als König/Königin verkleiden und schmücken.

– Seine/Ihre »Untertanen« müssen/dürfen ihm/ihr einen Thron basteln (mit farbigen Tüchern, Bändern usw.) auf den er/sie sich z. B. beim Essen setzen darf.

– Er/Sie darf die Krone aufsetzen, das Zepter zur Hand nehmen und kleine Befehle erteilen: Schuhe binden, Orange schälen, den Rücken kraulen usw.

– Er/Sie darf ein Dessert für alle wünschen.

– Er/Sie darf das Nachmittags- oder Abendprogramm bestimmen (= königliche Verantwortung übernehmen), siehe Schatztruhe.

Die Schatztruhe
Wir benutzen eine kleine Holztruhe, eine goldene Blechdose oder eine verzierte Kartonschachtel; sie wird jedes Jahr wieder verwendet. Nur der König/ die Königin darf sie öffnen! Darin findet er/sie zuerst einmal den Goldschmuck für diesen Tag (Modeschmuck aus Secondhand-Läden, Weihnachts-Schmuckkette o. ä.), weiter eine Reihe von Kärtchen mit Ideen, wie der Dreikönigstag in Familie oder Schule verbracht werden soll. Er/Sie darf eines aussuchen.

Ideen:
– Wir besprechen gemeinsam unsere schriftliche Jahresvorschau.

– Im Traum befahl der Engel den Weisen, einen anderen Weg zu nehmen. Wir erzählen einander unsere Träume und versuchen sie zu deuten.

– Wir verkleiden uns als Sternsinger-Könige und überraschen die Nachbarn oder eine andere Klasse mit einem Lied.

– Wir erfinden und spielen ein Dreikönigs-Theater.

– Wir hören die Legende vom vierten König (mit Fortsetzung an den folgenden Tagen).

– Wir hören Sternbilder-Legenden oder spielen ein Sternbilderquartett[9].

– Wir befassen uns mit unserer Geburtskonstellation (Horoskop). Die Sterne künden den Weisen einen neugeborenen jüdischen König an. Was hält wohl unsere Geburtsstunde verborgen, welches könnten unsere Aufgaben und Ziele im Leben sein?

– Wir besticken ein kleines Stück Stoff königlich mit Pailletten und Perlen. Es soll uns das Jahr über an eine selbst gewählte Tugend erinnern.

– Wir malen gemeinsam ein Bild von den Königen.

– Wir erfinden gemeinsam eine Königs-Legende oder schreiben ein Königs-Gedicht.

– Wir basteln gemeinsam ein Königs-Spiel mit Szenen aus dem Leben der drei Weisen: Memory, Quartett, Puzzle.

---

[9] Erika Dühnfort: Vom grössten Bilderbuch der Welt. Sternbilder-Geschichten durch das Jahr, Verlag Freies Geistesleben, Stuttgart 2000.
Werner Perrey: Sternbilder und ihre Legenden. Verlag Urachhaus, Stuttgart. Ausführliche, sowohl bildliche als auch erzählerische Darstellung der Sternbilder und ihrer Legenden, wobei auf die ältesten, jeweils vorhandenen Quellen zurückgegriffen wird.

– Wir räuchern unser Haus mit Weihrauch, stellen ein Myrrhe-Öl her (10-20 Tropfen Myrrhen-Essenz mit 50 ml Olivenöl vermischen) und erfahren etwas zur Geschichte des Goldes.

– Wir spielen »Grüss Gott Herr König«: Der König setzt sich auf seinen Thron. Die Untertanen kommen immer wieder und erbitten einen Ratschlag, z. B. »Grüss Gott, Herr König, meine Waschmaschine ist kaputt, was soll ich machen?« Nun muss der König eine möglichst rasche und originelle Antwort geben, z. B.: »Hänge deine Kleider in den Fluss, bis sie sauber sind.«

Sternsinger-Könige
Seit der Mitte des 16. Jh. lässt sich der Brauch des Sternsingens nachweisen, er ist aber vermutlich schon älter und geht auf die sehr beliebten szenischen Dreikönigsspiele (Wechselgesänge) zurück. Früher waren es erwerbslose Erwachsene, heute sind es Kinder. Sie verkleiden sich als die drei Könige Kaspar, Melchior und Balthasar und ziehen, von einem Sternträger begleitet, oft schon am Vorabend des Dreikönigstages von Haus zu Haus. Tipp: Stern aus gelochter Metallfolie an einem Stab nageln; evtl. Teelicht-Aluform mit zwei Reissnägeln dahinter befestigen, damit der Stern leuchtet. Die Könige singen ihre Lieder vor und erbitten Gaben für die armen Kinder der Welt. Meist werden aber auch die Sänger und Sängerinnen selbst mit Süssigkeiten beschenkt. Zum Abschied von den Zuhörenden und zugleich von der Weihnachtszeit wünschen die SternsingerInnen den Segen Christi über die besuchten Häuser. Dabei schreiben sie mit Kreide die jeweilige Jahreszahl und die drei Anfangsbuchstaben der drei Könige »C. M. B.« über die Haustür, welche zugleich den Anfangsbuchstaben des christlichen Segensspruches »Christus Mansionem Benedicat« (= Christus segne dieses Haus) entsprechen. Er soll Übel und Not von Haus und Hof fernhalten und beruht auf der Verchristlichung eines heidnischen Schutzzaubers (6. Januar = Perchtentag).

Dreikönigshexe
In Italien werden die Kinder zum Dreikönigsfest von der Hexe Befana (= Verballhornung von Epiphania) beschenkt, welche vermutlich eine weitere Entsprechung der himmlischen Holle/Lucia/Perchta darstellt. Der Legende nach soll sie das Jesuskind im Stall verpasst haben. Deshalb ziehe sie bis heute von Haus zu Haus und beschenke nun alle Kinder, um das Richtige sicher nicht zu verfehlen.

Vorlesen/Erzählen

Geschichte der Weisen aus einer Kinder- oder Bilderbibel.

Vorlese-Bücher
Luise Rinser: Drei Kinder und ein Stern. Gabriel Verlag, Stuttgart 2002.
Balthasar, Melchior und Kaspierina, die Kinder der drei Könige, folgen ihren Vätern heimlich und finden nach einer abenteuerlichen Reise Maria und Joseph auf der Flucht nach Ägypten.

– Jakob Streit: Das Dreikönigsbuch. Pforte Verlag, Dornach 2002.
Legenden (22 kurze Kapitel), welche sich zum Vorlesen in der Epiphania-Zeit eignen.

– Willi Fährmann: Roter König – Weisser Stern. Arena Verlag, Würzburg 2002.
Indianerhäuptling Silbermond folgt ebenfalls dem Stern und findet seinen König bei der Hochzeit zu Kana. Wunderschön erzählt.

– Edzard Schaper: Die Legende vom vierten König. Artemis & Winkler Verlag, Düsseldorf 2000.
Der vierte König bricht aus Russland auf, erreicht aber den gesuchten König erst beim Kreuz, wo er selber stirbt. Wunderschöne poetische Fassung der bekannten russischen Legende für Jugendliche und Erwachsene.

Bilderbücher:
– Alberto Benevelli/Loretta Serofilli: Die Schätze der drei Könige. echter verlag, Würzburg 2001.

– Markus Hottiger/Gabi Mache/Beryl Graf: Der vierte König. Adonia-Verlag, Brittnau 1998. Eine russische Legende.

Der Weihnachtsnarr

Im Morgenland lebte vor zweitausend Jahren ein junger Narr. Und wie jeder Narr sehnte er sich danach, weise zu werden. Er liebte die Sterne und wurde nicht müde, sie zu betrachten und über die Unendlichkeit des Himmels zu staunen. Und so geschah es, dass in der gleichen Nacht nicht nur die Könige Melchior, Balthasar und Kaspar den neuen Stern entdeckten, sondern auch der Narr. Der Stern ist heller als alle anderen, dachte er, es ist ein Königsstern. Ein neuer Herrscher ist geboren. Ich will ihm meine Dienste anbieten, denn was ein König ist, braucht auch einen Narren. Ich will mich aufmachen und ihn suchen. Der Stern wird mich führen. Lange dachte er nach, was er dem König mitbringen könnte. Aber ausser seiner Narrenkappe, seinem Glockenspiel und seiner Blume besass er nichts, was ihm lieb war. So wanderte er davon, die Narrenkappe auf seinem Kopf, das Glockenspiel in der einen und die Blume in der anderen Hand. In der ersten Nacht führte ihn der Stern zu einer Hütte. Dort begegnete er einem Kind, das gelähmt war. Es weinte, weil es nicht mit den anderen Kindern spielen konnte. Ach, dachte der Narr, ich will dem Kind meine Narrenkappe schenken. Es braucht die Narrenkappe mehr als ein König. Das Kind setzte sich die Narrenkappe auf den Kopf und lachte vor Freude. Das war dem Narr Dank genug. In der zweiten Nacht führte ihn der Stern zu einem Palast. Dort begegnete er einem Kind, das blind war. Es weinte, weil es nicht mit den anderen Kindern spielen konnte. Ach, dachte der Narr, ich will dem Kind ein Glockenspiel schenken. Es braucht das Glockenspiel mehr als ein König. Das Kind liess das Glockenspiel ertönen und lachte vor Freude. Das war dem Narr Dank genug. In der dritten Nacht führte ihn der Stern zu einem Schloss. Dort begegnete er einem Kind, das taub war. Es weinte, weil es nicht mit den anderen Kindern spielen konnte. Ach, dachte der Narr, ich will dem Kind meine Blume schenken. Es braucht die Blume mehr als ein König. Das Kind betrachtete die Blume und lachte vor Freude. Das war dem Narr Dank genug. Nun bleibt mir nichts mehr, was ich dem neuen König mitbringen könnte. Es ist wohl besser, wenn ich umkehre. Aber als der Narr zum Himmel schaute, stand der Stern still und leuchtete heller als sonst. Da fand er den Weg zu einem Stall mitten im Feld. Vor dem Stall begegnete er drei Königen und einer Schar Hirten. Auch sie suchten den neuen König. Er lag in einer Krippe, war ein Kind, arm und bloss. Maria, die eine frische Windel über das Stroh breiten wollte, schaute Hilfe suchend um sich. Sie wusste nicht, wo sie das Kind hinlegen sollte. Josef fütterte den Esel und alle anderen waren mit Geschenken beladen. Die drei Könige mit Gold, Weihrauch und Myrrhe, die Hirten mit Wolle, mit Milch und Brot. Nur der Narr stand mit leeren Händen da. Voll Vertrauen legte Maria das Kind auf seine Arme. Er hatte den König gefunden, dem er in Zukunft dienen wollte. Und er wusste auch, dass er seine Narrenkappe, seine Blume und sein Glockenspiel hingegeben hatte, um Platz für dieses Kind zu haben, das ihm nun mit seinem Lächeln die Weisheit schenkte, nach der er sich sehnte.

Max Bolliger

Copyright beim Autor.

Lied

Wir kommen daher/Mir chöme derthär

1. Wir kom-men da-her aus dem Mor-gen-land, wir kom-men ge-führt von Got-tes Hand. Wir wün-schen euch ein fröh-li-ches Jahr: Cas-par Mel-chior und Bal-tha-sar.

1. Mir chö-me dert-här u-sem Mor-ge-land, üs füert e Gott mit star-cher Hand. Mir wün-sche euch es fröh-lechs Jahr: Chasch-par, Mel-chior und Bal-tha-sar.

2. Es führt uns der Stern zu der Krippe hin, wir grüssen dich Jesus mit frommem Sinn. Wir bringen dir unsere Gaben dar: Weihrauch, Myrrhe und Golf fürwahr!

3. Wir bitten dich: Segne nun dieses Haus und alle, die gehen ein und aus! Verleihe ihnen zu dieser Zeit Frohsinn, Frieden und Einigkeit!

Schweizer Mundart

2. Es füert üs dr Schtärn zu dr Chrippe hi, mir grüesse di Jesus, wei bi dir sy. Mir bringe dir üsi Gabe dar: Weihrouch, Myrrhe und Gold so klar!

3. Mir bitte di, sägne du s' ganze Huus, alli wo hie gö i und us! Gib du ne geng so viel Fröhlechkeit, Friide, Liebi und Einigkeit.

Text Hochdeutsch: Maria Ferschl.
Text Mundart: Franziska Schneider-Stotzer.
Melodie: Heinrich Rohr.
aus: Weihnachts-Singbuch II, © Christophorus Verlag, Freiburg i. Br.

Weitere Gedenktage

Flucht nach Ägypten – 14. Januar

Nachdem die Könige auf den Heimweg aufgebrochen waren, empfing Josef im Traum die Weisung, nach Ägypten zu fliehen. Er weckte Maria mit dem Kind und flüchtete mitten in der Nacht. Ägypten spielte in der Geschichte der Juden eine Schlüsselrolle. So wie das Volk Gottes einst nach Ägypten flüchten musste und später aus dessen Knechtschaft befreit wurde, musste auch Jesus dorthin in die Fremde fliehen und zurückgerufen werden. Das Prophetenwort »Aus Ägypten rief ich meinen Sohn« (Mt 2,15; vgl. Hos 11,1), bezieht sich ursprünglich auf das Volk Israel und wurde von Matthäus auf Jesus übertragen.

Das Thema Flucht können wir zum Anlass nehmen, um über heutiges Flüchtlingselend zu sprechen. Auch Christus war ein Flüchtlings-Kind und fand Zuflucht in einem fremden Land! Mit Krippenfiguren lässt sich diese Szene eindrücklich darstellen. Maria und Josef, die unvorbereitet und mit wenigen Habseligkeiten in ein fremdes und unbekanntes Land reisen müssen: Maria sitzt auf dem Esel, das Kind schützend in ihr Tuch gehüllt, Josef führt das Tier und trägt ein Bündel mit dem Notwendigsten.

Lichtmess: Darstellung im Tempel – 2. Februar

An diesem Tag erinnern wir uns an die Darstellung Jesu im Tempel (Lk 2,21-40). Nach dem mosaischen Gesetz musste jedes Neugeborene im Tempel dargestellt werden. Eine Erstgeburt galt zudem als Eigentum Gottes und musste mit einem Opfer ausgelöst werden. Eine Frau galt nach der Geburt 40 Tage lang als kultisch unrein und musste ebenfalls ein Reinigungsopfer darbringen. Als Jesus in den Tempel (in »sein Eigentum«, vgl. Maleachi 3,1) gebracht wurde, erkannte der alte gottesfürchtige Simeon in ihm das Heil und **Licht** der Welt und die greise Prophetin Hanna erzählte allen von der bevorstehenden Erlösung Israels.

Es handelt sich hier um die Begegnung zwischen den Repräsentanten des AT, Simeon und Hanna, welche ihr Leben lang auf den verheissenen Messias gewartet haben, mit dem Messias, der Hauptperson des NT selbst.

Lichtmess wurde bereits in vorchristlicher Zeit als allererstes Frühlings-Licht-Fest gefeiert. Meist blühen dann auch schon die ersten Schneeglöcklein.

Im Christentum ist der Gedenktag seit dem 4. Jh. bekannt. Sowohl in heidnischer wie auch in christlicher Zeit (ab dem 5. Jh.) wurde dieses Fest mit Lichtprozessionen begangen. Seit dem 10. Jh. ist die Kerzenweihe bekannt, bei der Wachskerzen geweiht wurden, welche man zum Gebet bei schwerer Krankheit, Not und Tod in der Familie entzündete. Für Handwerker hörte mit Lichtmess – wenn die Tage deutlich länger werden – die Arbeit bei Kunstlicht auf, die nach Michaeli (29. September) begonnen hatte.

Auf dem **Jahreszeiten-Tisch** können Krippenfiguren die Geschichte erzählen: Einen alten König oder Hirten als greisen Simeon umkleiden, eine alte Frau als die Prophetin Hanna. Maria und Josef bringen den kleinen Jesus mit der Opfergabe der Armen (zwei Tauben oder ein Brot; Reiche brachten ein Lamm) in den Tempel. Auch eine Kunstpostkarte mit der Darstellung im Tempel, zusammen mit den ersten Schneeglöckchen und einer Kerze passt zum Lichtmesstag. Die Geschichte können wir aus einer Kinderbibel vorlesen.

Seit einigen Jahren wird der 2. Februar in der katholischen Kirche zudem auch als »Tag des geweihten Lebens« begangen, bei dem die Ordensleute ihre Gelübde (früher »Weihe« genannt) erneuern, ihr Leben also Gott weihen wie Jesus im Tempel Gott geweiht wurde.

BIBLISCHE FIGUREN

Elisabeth, 19. Nov.
(Ausführungen zum Elisabethtag im
Herbstband dieser Reihe »Von Erntedank, Engeln
und Legenden«, rex verlag luzern)

Kursangebote

Der Aufbau und das Gestalten biblischer Figuren ist eine anspruchsvolle und beglückende Tätigkeit. In Kursen wird eine Fülle von Kleidermustern, Gestaltungsmöglichkeiten, Ideen zum Szenenstellen und Hintergrundinformation vermittelt. Es lohnt sich deshalb, einen entsprechenden Kurs bei einer fachkundig ausgebildeten Kursleiterin zu besuchen. Bei dem schweizerischen und deutschen Verein Biblischer Figuren oder bei der Autorin (welche selber auch Kurse erteilt) können Anschriften von Kursleiterinnen und Kursunterlagen angefordert werden:

– Vereinigung Kursleiterinnen Biblische Figuren Schwarzenberg: VKBFS, Geschäftsstelle – Bildungszentrum Matt, CH-6103 Schwarzenberg,
Tel. 0041 (0)41 497 20 22, (Prospekt verlangen).

– F. Schneider-Stotzer, Galerie und Atelier Stadtgraben, Graben 4, CH-3294 Büren a/A, Tel. 0041 (0)32 351 18 09.

– Arbeitsgemeinschaft Biblische Figuren e.V.: ABF, Pestalozzistrasse 58, DE-72762 Reutlingen, Tel. 0049 (0)71 21 923 660

Literaturhinweis:
– Winfried Dalferth: Und er rührte sie an. Mit biblischen Erzählfiguren Glauben gestalten, erfahren, feiern. Lahn-Verlag, Limburg-Kevelaer 2001.

Nachfolgende Anleitung ist aufs Notwendigste beschränkt, kann jedoch dort dienen, wo kein Kursbesuch möglich ist.

Anleitung

Material und Masse
Gestelle aus Sisaldraht (Schnurfigur) in den Grössen 25 cm (Engel), 23 cm (Mann), 22 cm (Frau), 17 cm (Jüngling), 14,5 cm (Kind); das Gestell für Kleinkind (ca. 2-jährig) und Säugling muss selbst hergestellt werden. **Bleifüsse** (für Erwachsene, Jüngling, Kind und Kleinkind) und **Hartschaumköpfe** 50/40/35 mm (Erwachsene), 40/35/30 mm (Jüngling und Kind) und 30/30/25 mm (Kleinkind). **Elektrikerdraht** für Kleinkind und Säugling. **Wattekugel** ø ca. 18 mm für Säuglingskopf. **Cuttermesser, Holzmodelliermasse** (mit Wasser anrührbar), **Weissleim**, dehnbare **Baumwolltrikot-Streifen** 2 - 3 cm breit geschnitten (z. B. von alten Pyjamas), für das Umwickeln von Armen und Beinen, nicht dehnbare **Baumwollstücke** für den Körper (grosse Figur 16 x 22 cm, Jüngling 14 x 18 cm, Kind 12 x 15 cm. Kleinkind 9 x 12 cm), **Stopfwatte, starker Handfaden und Nähutensilien, Duvetine (Hautstoff), Leimstift, Nagelschere**. Weich fallende **Stoffe** (gebrauchte Stoffe eigenen sich besonders gut) in abgetönten Farben (uni oder längs gestreift), Gaze oder anderer lockerer Stoff zum Wickeln oder Drapieren (leicht selbst zu färben mit Naturfarben wie Kaffeepulver, Schwarztee, Rot- und Blauholz, Zwiebelschalen). **Leder** und **Schnur** für Schuhe und Gürtel. **Perücken** aus Fellen, Kunstpelz, Kreppwolle oder Kammzugwolle. **Tiere** (Schafe, Ochs, Esel, Kamel, ...) und andere kleine **Zutaten**. Anregungen zur Gestaltung von Landschaften und Behausungen siehe S. 50.

Material-Bezugsquellen
(Prospekte anfordern):
– Christoph Frei, Kunstschmiede,
Böhlweg 12, CH-9116 Wolfertswil,
Tel. 0041 (0)71 390 08 00: Schnurfiguren,
Köpfe, Bleifüsse, Duvetine (= Hautstoff,
Musterkarte verlangen), Zutaten wie
Krippen, Flöten usw.

– Rätische Gerberei, Engadinerstrasse 30,
CH-7001 Chur, Tel. 0041 (0)81 252 52 42:
Felle für Perücken, Krippentiere, Zutaten
wie Krüge, Körbe, Stoffe, usw.

– Gaze siehe S. 12.

– Bastelgeschäfte

– Materialstelle Deutschland: Silvia
Dalferth, Pestalozzistr. 58, DE-72762
Reutlingen, Tel. 0049 (0)71 21 923 660.

Benötigte Figuren:
Maria, Josef, Jesusbaby, Hirt, Hirtenkind,
Frau alt (Elisabeth, Hanna oder Hirtenfrau), 3 Könige, Engel.

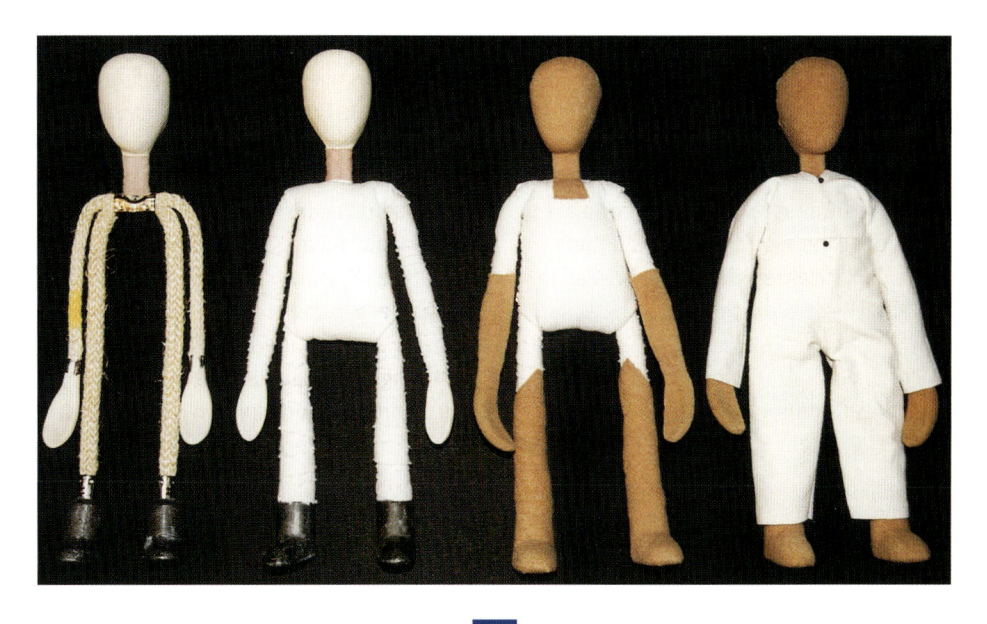

Front   Seite   von oben

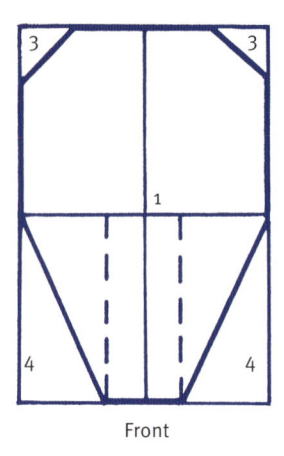

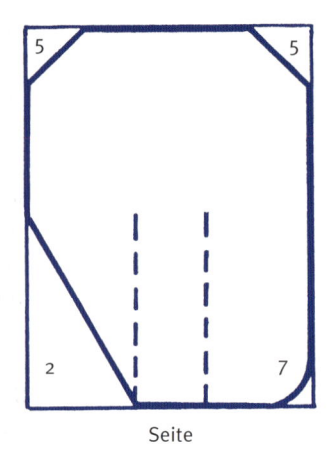

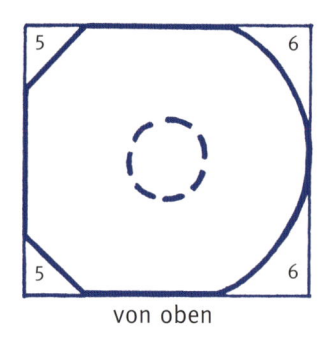

Körperbau

Köpfe (aus Hartschaumstoff) schneiden
Vorbereiten: Bei Frauenfiguren und der Kinderfigur verkleinert man den Würfel, indem man auf der Lochseite (ganze Fläche) ca. 2 mm wegschneidet. Schmalseite vorne/Gesicht mit einem Kreuz bezeichnen (= 1), Schmalseite hinten/Hinterkopf nur mit einem Querstrich. Nacken wegschneiden: vom Querstrich bis zum Loch (= 2). Würfel wenden, Kopf »schaut« einen an. Oben beidseitig wenig Kante (Schläfe bis Hinterkopf) wegschneiden (= 3). Unten beidseitig viel Kante (Wangen bis Nacken) wegschneiden, d. h. ungefähr bis zum Querstrich des Kreuzes und dicht am Halsloch vorbei (= 4). Stirnkante und alle Kanten des Hinterkopfes brechen (= 5). Gesicht beidseitig gegen das Ohr zu runden/wegschälen (= 6). Mit Nagelfeile oder Schleifpapier überall gleichmässig abrunden, auch Kinn (= 7).

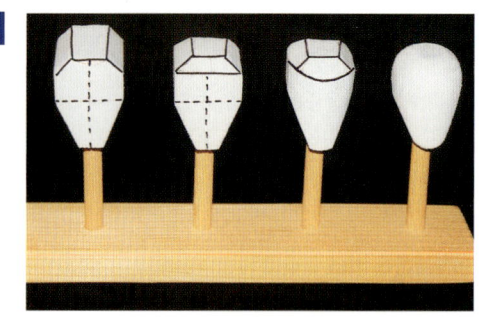

Kopf auf Gestell leimen
Vorbereiten: Hals 1 x mit einem klebenden Gewebeband (Heftpflaster) umwickeln: Erwachsene gute 2 cm hoch, Kinder ca. 1,5 cm hoch. Kopfloch zur Hälfte mit Weissleim füllen und den Gestellhals hineindrehen. Falls kein schöner Übergang zwischen Hals und Kopf besteht, evtl. noch etwas Hartschaum zurückschneiden. Wenn der Kopf nicht fest auf dem Hals sitzt, muss ein Hartschaumkeil in die Lücke gestossen werden.

Kopf und Hände modellieren
Kopf: den ganzen Kopf inkl. Nacken mit einer dünnen Schicht Modelliermasse überziehen. Hinterkopf/»Mönchsglatze« freilassen, da hier später die Perücke befestigt wird. Vorne zusätzlich ein längliches Stück Modelliermasse aufsetzen

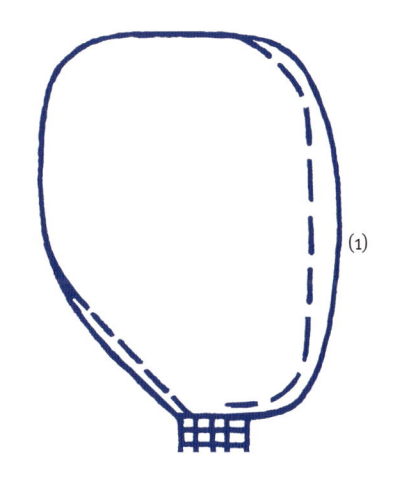

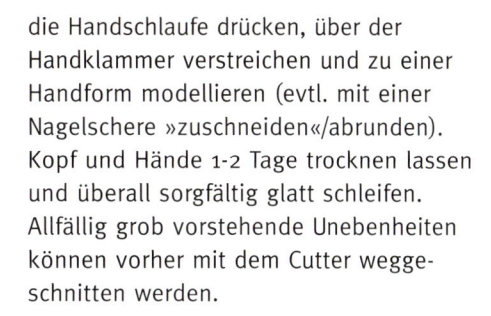

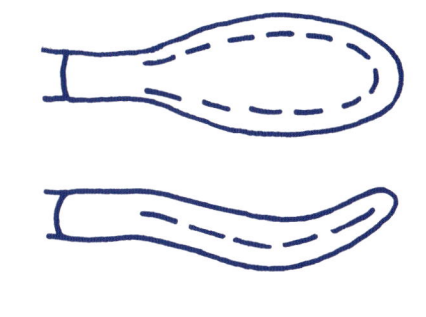

die Handschlaufe drücken, über der Handklammer verstreichen und zu einer Handform modellieren (evtl. mit einer Nagelschere »zuschneiden«/abrunden). Kopf und Hände 1-2 Tage trocknen lassen und überall sorgfältig glatt schleifen. Allfällig grob vorstehende Unebenheiten können vorher mit dem Cutter weggeschnitten werden.

Gestell Säugling und Kleinkind (ca. 2-jährig) formen

Elektrikerdraht: Masse Säugling: 16 cm (= Beinschlaufe) und 13 cm (= Armschlaufe); Kleinkind: 20 cm (= Beinschlaufe) und 17 cm (= Armschlaufe). Alle Schlaufen müssen sehr satt anliegend gebogen und mit der Zange eng zusammengedrückt werden, sonst stimmen die Masse nicht und das Gestell wackelt.

Nach dem Biegen des Gestells den Hals mit klebendem Gewebeband umwickeln und in den Kopf leimen. Kleinkindkopf Hartschaumstoff: 30/30/25 mm; Säuglingskopf: gepresste Wattekugel aus dem Bastelgeschäft, ø ca. 18 mm.

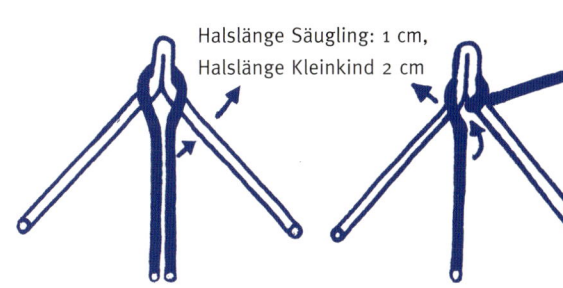

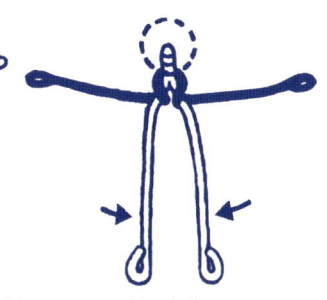

und verstreichen, damit das Gesicht ein leicht rundes Profil(1) bekommt. Hände: Handschlaufen-Draht leicht schalenförmig biegen; zwei gleich grosse, längliche Stücke Modelliermasse vorbereiten, in

Halslänge Säugling: 1 cm, Halslänge Kleinkind 2 cm

Beim Kleinkind keine Fussschlaufe formen, da mit Bleifüssen (Beinende vor dem Leimen mit Gewebeband bekleben)

Gestell in Bleifüsse leimen

Bleifüsse zur Hälfte mit Weissleim füllen, Beine mit Kraft hineindrehen, Füsse gerade nach vorn ausrichten, trocknen lassen.

Arme und Beine wickeln

Mit dehnbaren Baumwolltrikot-Streifen die Arme vom Handgelenk aus zur Schulter wickeln (Anfang und Ende der Streifen werden am Gestell festgeklebt; straff wickeln!): Körperform andeuten, aber nicht zu dick. Beine: Übergang Bleifuss/Bein durch Wickeln auffüllen, Bein nach oben dünner werdend wickeln (Beweglichkeit). Säugling: mit ca. 1 cm breitem Streifen Arme und Beine dünn(!) umwickeln, das Band einige Male um den Leib, über die Schulter und zwischen den Beinen durch wickeln = Körper.

Körper nähen

Stoffstück der Länge nach dritteln, zwischen den Beinen hindurchziehen, auf der Schulter hinten und vorn je 2 cm umfalten und anstecken. Stoff beim Beinansatz leicht trapezförmig auseinander ziehen und schräg einlegen, damit das Bein eingefasst wird. Auf beiden Schultern und einer Seite mit starkem Handfaden zusammennähen, sehr satt stopfen (vor allem zwischen den Beinen = bessere Standfestigkeit) und offene Seite zunähen.

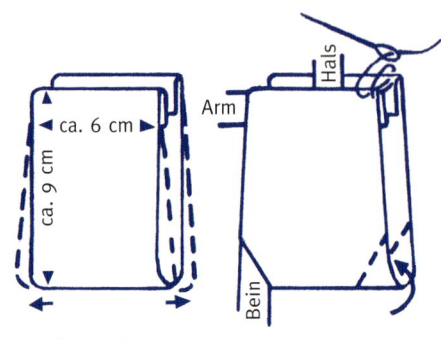

erwachsene Figur

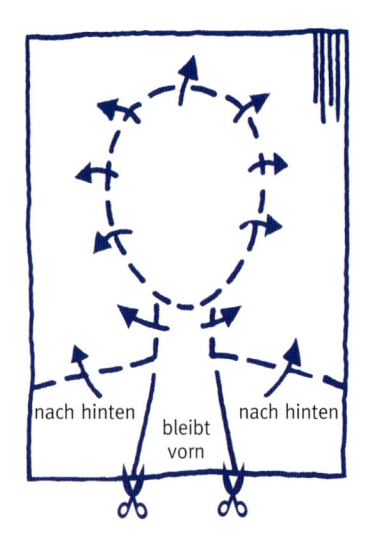

Figur mit Hautstoff (Duvetine) überziehen

Duvetinestreifen: 10 x 40 cm (3 x 10 cm für Kopf und zwei Beine; 1 x 10 cm halbieren für die beiden Hände/Arme); für kleinere Figuren entsprechend weniger. Säuling: 6 x 24 cm (1 x 6 cm für Kopf, 1 x 6 cm halbieren für die beiden Beine, 1 x 12 cm für Körper mit Armen. Merke: Die flauschige Seite kommt aussen, die synthetisch aussehende wird aufgeklebt.

Kopf: Kopf und Nacken (ohne Hinterkopf/»Mönchsglatze«) allseitig gut mit Leimstift einreiben (unter dem Kinn und Hals nicht vergessen) und verstreichen. Duvetine wie auf der Skizze angegeben auflegen, Stoff rechts und links der beiden Einschnitte auf die Rückseite ziehen und hinten am Hals 2 mm übereinander leimen. Achtung: Es sollten sich keine Falten um den Hals und das Kinn bilden – der Stoff ist dehnbar und kann durch hinauf- und hinausstreichen ganz glatt aufgeklebt werden; überstehende Ränder ausserhalb der Gesichtsfläche abschneiden.

Hände: Hand und Arm bis zum Ellbogen überall mit Leimstift einstreichen (Kanten besonders gut), Duvetine von oben über den Arm legen wie auf Skizze angegeben; der Handkante entlang zusammendrücken und mit der Schere sorgfältig bis zum Handgelenk abschneiden (es sollte kein Stoff vorstehen); beim Arm wird der Duvetine ca. 2 mm vom Rand entfernt abgeschnitten und von vorne gegen hinten übereinander geklebt, damit beim Bewegen nicht das Gewickelte zum Vorschein kommt.

Füsse/Beine: Fuss inkl. Sohle und Bein bis zum Knie mit Leimstift bestreichen (Kanten besonders gut). Duvetine diagonal über den Fuss legen, sodass die Stoffspitze ca. 3 cm über die Zehen hinausschaut und auf die Fusssohle umgelegt/festgeklebt werden kann; mit Daumen und Zeigefinger den restlichen Stoff vom Rist aus nach hinten zur Ferse und über die Fusskante drücken/kleben; an der Fusssohle so zurückschneiden, dass alles bedeckt ist; hinten am Bein etwas übereinander kleben wie beim Arm beschrieben.

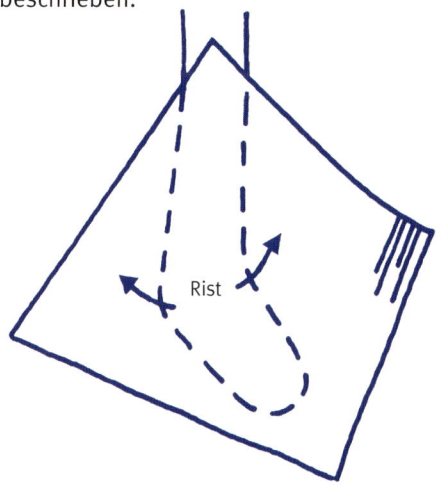

Säugling: Kopf wie grosse Figur, aber Hinterkopf ganz bedeckt, Beine bis zum Po (seitlich aussen auflegen, am Beininnern schneiden), Körper und Arme mit einem Stück wie auf der Skizze angegeben; hier mit Vorteil den Duvetine mit Leimstift einstreichen und anschliessend über das gewickelte Gestell kleben.

Kleider

Jede Figur trägt eine Hose und zwei Ärmel in einem Naturton, der zu allem passt. Diese werden am Leib angenäht oder festgesteckt (siehe Foto S. 137). Darüber kann die Figur mit Röcken, Mänteln, Umhängen und Tüchern nach Belieben bekleidet und verändert werden und mehrere Rollen übernehmen (z. B. zu Ostern, Pfingsten, Johanni, Engelsfesten, Martins- und Nikolaustag, ... siehe Abschnitt »Veränderbare Figuren« am Schluss des Kapitels). Alle Muster sind ohne Saum angegeben. Die Stoffenden können ausgefranst belassen werden für einfache, ärmliche Bekleidung, oder aber eingelegt (Ärmel und Hosenbeine), oder gesäumt (Rockende) für edle vornehme Gewänder. Wird nachstehendes Universalschnittmuster bei der Naht 1 - 2 cm weiter geschnitten, kann es als Mantel über einem Rock oder Kaftan des Originalmusters verwendet werden (vorne aufschneiden).

Einfacher Umhang: Bei einem rechteckigen Stoffstück einen Längsschlitz bis in die Hälfte schneiden, der Figur über die Schulter legen (Schlitz vorn oder hinten), auf der Schulter raffen und mit einem Gürtel zusammenbinden. Gaze eignet sich für geschlungene Tücher wie Turbane, einen Umhang, Frauenschleier: 60 x 30 cm über den Kopf legen und nach Belieben um den Körper drapieren, z. B. so:

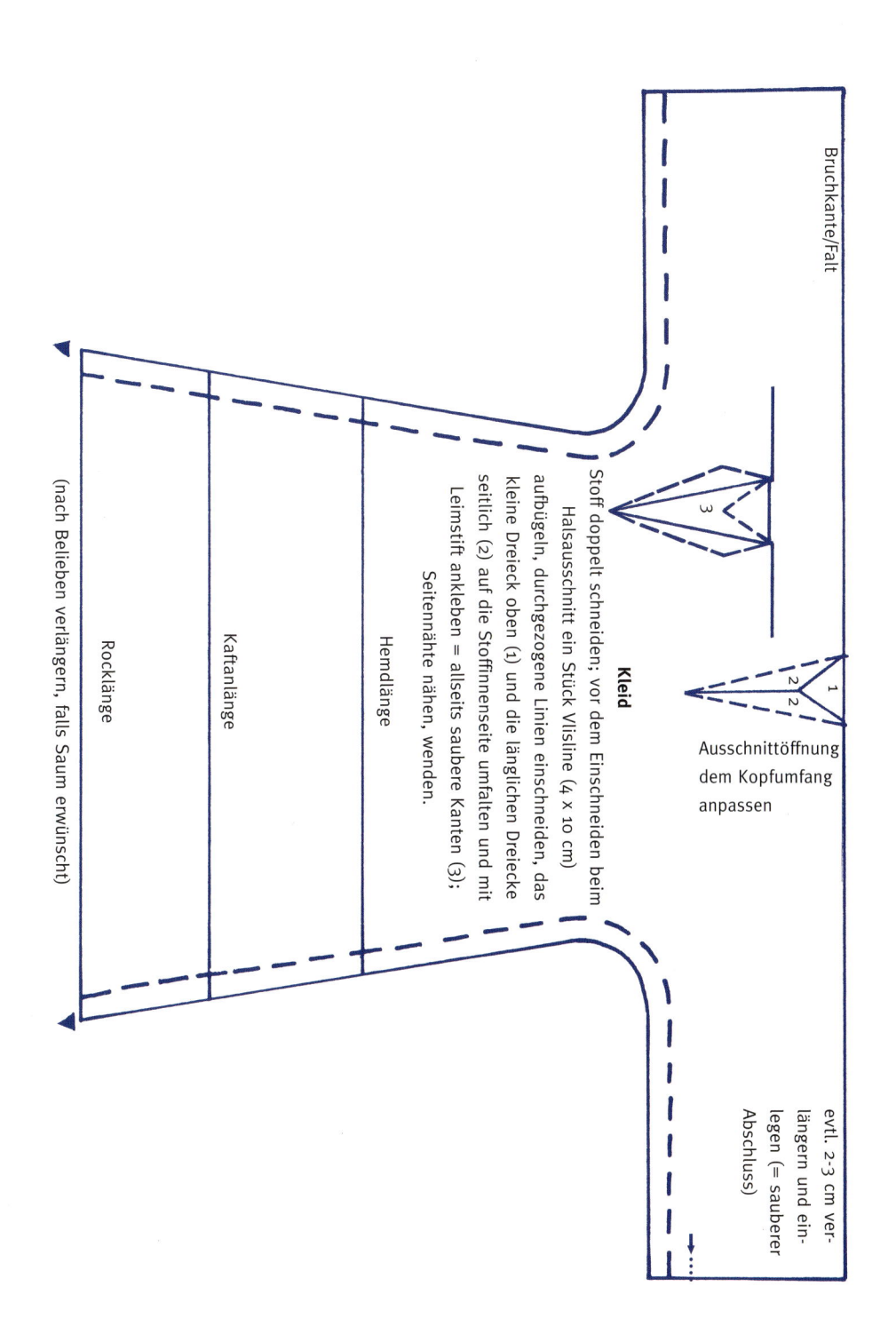

Bruchkante/Falt

Kleid

Stoff doppelt schneiden; vor dem Einschneiden beim Halsausschnitt ein Stück Vlisline (4 x 10 cm) aufbügeln, durchgezogene Linien einschneiden, das kleine Dreieck oben (1) und die länglichen Dreiecke seitlich (2) auf die Stoffinnenseite umfalten und mit Leimstift ankleben = allseits saubere Kanten (3); Seitennähte nähen, wenden.

Hemdlänge

Kaftanlänge

Rocklänge

(nach Belieben verlängern, falls Saum erwünscht)

Ausschnittöffnung dem Kopfumfang anpassen

evtl. 2-3 cm verlängern und einlegen (= sauberer Abschluss)

Alle Muster um 167 % vergrössern
= Erwachsenengrösse; für Kinderkleider anpassen.

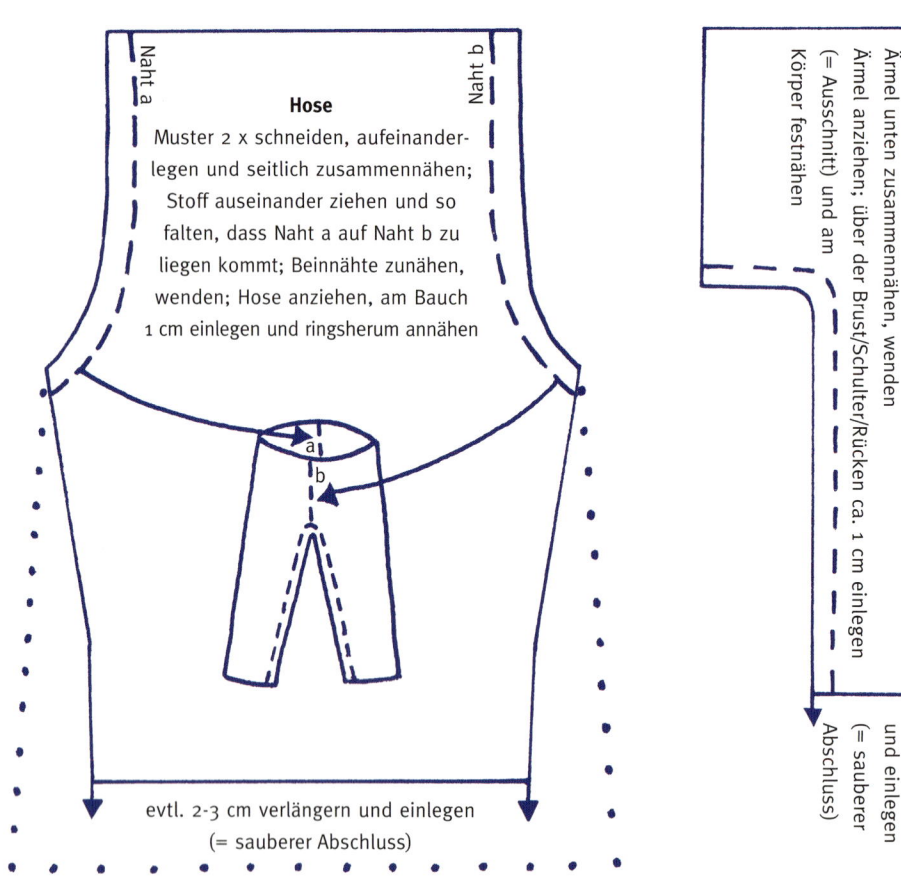

Hose

Naht a   Naht b

Muster 2 x schneiden, aufeinanderlegen und seitlich zusammennähen; Stoff auseinander ziehen und so falten, dass Naht a auf Naht b zu liegen kommt; Beinnähte zunähen, wenden; Hose anziehen, am Bauch 1 cm einlegen und ringsherum annähen

evtl. 2-3 cm verlängern und einlegen (= sauberer Abschluss)

Wird die Hose unten weiter geschnitten (Punktlinie: ...), kann sie am Saum zusammengezogen werden = Pluderhose

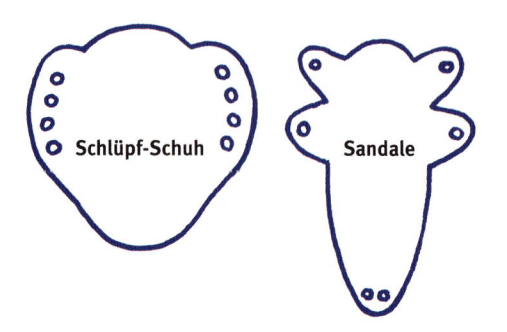

Ärmel

Stoff doppelt nehmen (Bruchkante/Falt = oben) Ärmel unten zusammennähen, wenden Ärmel anziehen; über der Brust/Schulter/Rücken ca. 1 cm einlegen (= Ausschnitt) und am Körper festnähen

evtl. 2-3 cm verlängern und einlegen (= sauberer Abschluss)

Schlüpf-Schuh   **Sandale**

Weitere Bekleidungsvorschläge:

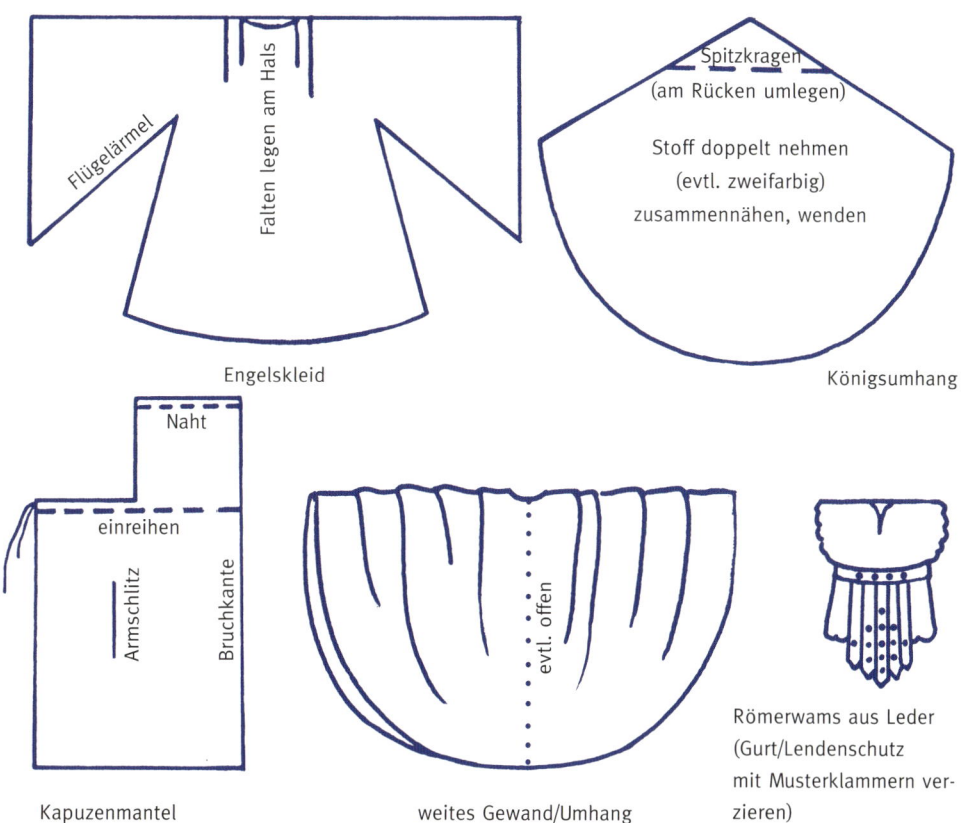

Flügelärmel — Falten legen am Hals

Engelskleid

Spitzkragen (am Rücken umlegen)

Stoff doppelt nehmen (evtl. zweifarbig) zusammennähen, wenden

Königsumhang

Naht
einreihen
Armschlitz
Bruchkante

Kapuzenmantel
(z. B. für Nikolaus; mit Vorteil nicht fransenden Stoff verwenden; als Nikolausstiefel eignen sich abgeschnittene Finger von ausgedienten Lederhandschuen)

evtl. offen

weites Gewand/Umhang

Römerwams aus Leder (Gurt/Lendenschutz mit Musterklammern verzieren)

Martinus, 11. Nov. (Ausführungen zum Martinstag im Herbstband dieser Reihe »Von Erntedank, Engeln und Legenden«, rex verlag luzern).

Kopfbedeckungen aus Gaze (Hirten, Jünger) oder bunten Stoffen (Könige)
– 30 x 30 cm zum Dreieck falten über den Kopf legen und mit einem verdrehten Stoffband (für einen König z. B. zusätzlich mit einem Goldband verziert) befestigen.

– 20 x 90 cm Tuch raffen und über den Kopf legen; beidseitig über den Ohren abbinden, anstecken; einen Teil um den Kopf wickeln; nach Belieben verdrehen; Ende einstecken; der andere Teil kann herunterhängen oder um die Schulter nach hinten/vorne gelegt werden. Wenn der fertige Turban sorgfältig abgehoben wird, kann er innerlich mit grossen Stichen zusammengenäht werden = wechselbare Kopfbedeckung.

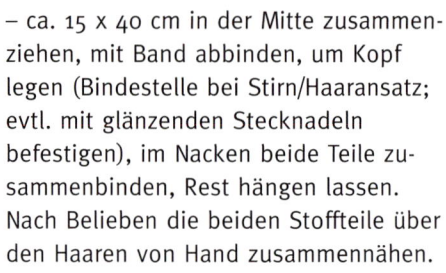

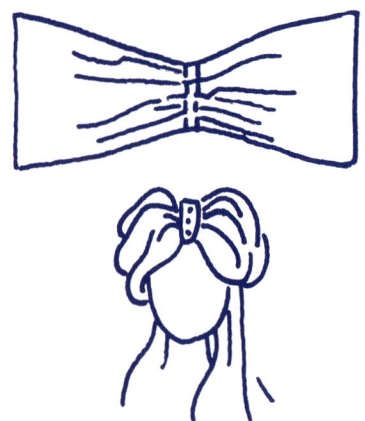

– ca. 15 x 40 cm in der Mitte zusammenziehen, mit Band abbinden, um Kopf legen (Bindestelle bei Stirn/Haaransatz; evtl. mit glänzenden Stecknadeln befestigen), im Nacken beide Teile zusammenbinden, Rest hängen lassen. Nach Belieben die beiden Stoffteile über den Haaren von Hand zusammennähen.

Variante: Das Stoffband an mehreren Stellen zusammenziehen, locker um den Kopf legen, am Hinterkopf zusammenbinden, feststecken. Nach Belieben die pludrigen Teile oben auf dem Kopf zusammennähen oder mit einr Ziersteck-nadel feststecken (→).

Hütchen: Kopfumfang messen, Stoffschlauch nähen, oben zusammenziehen, wenden, Rand 2 x umkrempeln und annähen, verzieren.

Perücken

Wollperücken werden auf ein Stoffband genäht und auf den Kopf geklebt (Scheitel = Naht, siehe Skizze). Fell-Perücken werden entweder bei den Zacken zusammen genäht (Grösse dem Kopf anpassen) und mit Stecknadeln befestigt (sind also wechselbar) oder sie werden am Kopf festgeleimt: Bei Kurzhaarperücken die Zacken mit einer spitzen Schere in den Hinterkopf drücken; Langhaarperücken der Naht entlang zusammenkleben; evtl. Stecknadeln zu Hilfe nehmen (können im Kopf bleiben). Die Haare müssen bei der Stirn nach vorne weisen, damit keine Fellkante sichtbar ist. Muster vergrössern: erwachsene Figur 240 %, Kinderfigur 195 %, Kleinkind 160 %, Säugling 110 %.

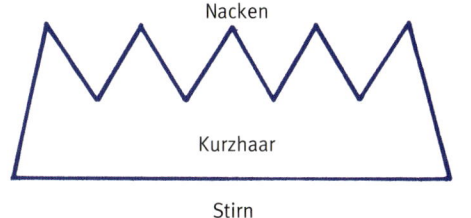

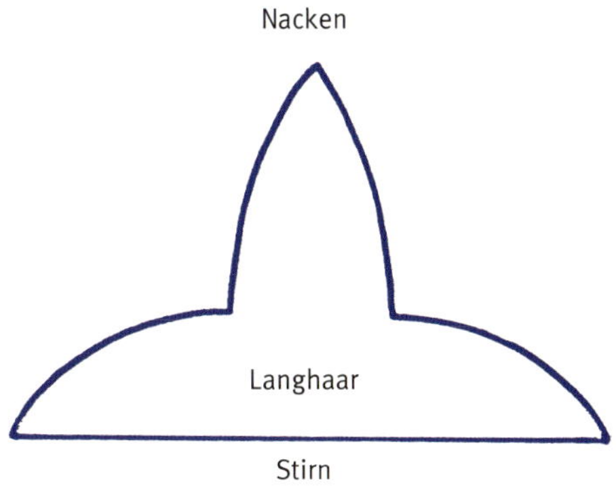

Figuren stellen

Indem wir Figuren in eine Szene stellen und miteinander in Verbindung bringen, vermitteln wir Ausdruck und Lebendigkeit: Figuren schauen einander an (Kopf kräftig in die Hand nehmen und ohne Hemmungen in verschiedene Richtungen biegen), trauern oder sind nachdenklich (Kopf nach unten biegen, eine Hand vors Gesicht), freuen sich (Kopf und Hände nach oben), sprechen mit den Händen, halten, umarmen, weisen ab, erschrecken, beten, schauen in die Ferne (Hand über den Augen als Blendschutz), ...
Dank der flexiblen Beweglichkeit kann die Figur praktisch jede Körperhaltung einnehmen: gehen, laufen, tanzen, kauern, knien, sitzen (auch im Schneidersitz), schlafen und träumen (z. B. mit Engelbesuch). Um authentische Körperhaltungen zu erreichen, empfiehlt es sich jemanden zu bitten, die entsprechende Körperstellung einzunehmen, damit wir diese mit der Figur nachvollziehen können.
Fotos mit Anregungen zum Stellen von Szenen finden sich in den vier Bänden dieser Reihe »Feste und Bräuche im Jahreskreis«, rex verlag luzern (Schweiz), bei den jeweiligen Festen und Gedenktagen.

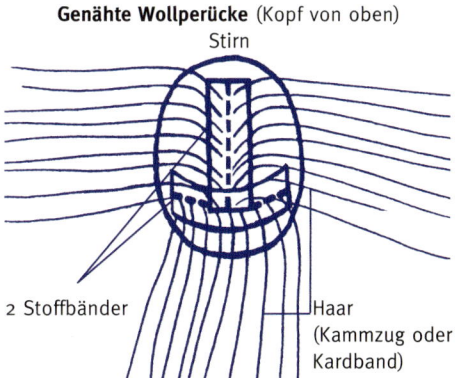

Veränderbare Figuren

Wer seine Figuren nicht nur zu Weihnachten einsetzen möchte, kann sie von Anfang an so gestalten, dass sie mit einfachen Mitteln verändert werden können. Beispiel: Als König trägt die Figur ein neutrales Kleid, darüber einen Mantel aus edlem Stoff und eine farblich passende Kopfbedeckung. Als Jünger trägt die gleiche Figur über dem neutralen Kleid einen einfachen Mantel oder wollenen Umhang und einen schlichten Gaze-Turban. Nachfolgend ein Vorschlag wie mit einer minimalen Figurenanzahl Szenen zu fast allen biblischen Geschichten und Legenden der Jahresfeste gestaltet werden können. Es empfiehlt sich, die wechselbaren Mäntel, Umhänge, Tücher/Schleier und Kopfbedeckungen in angeschriebenen Plastikbeuteln (z. B. »Soldat«) aufzubewahren, damit sie nicht verwechselt werden.

Hauptfigur: Verwandlungsmöglichkeiten

Maria: Jüngerin (z.B. am Ostermorgen beim leeren Grab mit schwarzem Schleier), Elisabeth von Thüringen (19. Nov.), Ruth (Erntedank) → verschiedenfarbige Gaze-Schleier zum Wechseln (über einem neutralen Kleid) vorbereiten
Josef: Jesus (Leben und Ostergeschichte), Jesaja oder anderer AT-Prophet → helles Gewand mit unterschiedlichen Umhängen
Jesuskind: Kind (von Christus gesegnet)
Hirtenkind (Jüngling): 12-jähriger Jesus, Kind (von Christus gesegnet), Zuhörer am Pfingstfest
Hirt: Jünger, Johannes der Täufer (Johanni/Mittsommer, 24. Juni. → »Kamelhaarmantel«), Bettler (Martinstag, 11. Nov.; blinder Bartimäus → zerlumpten Umhang anfertigen), Herodes der Grosse (den die Könige befragen), Lazarus

Elisabeth: alte Hirtenfrau, alte Hanna (Darstellung im Tempel, 2. Feb.), Jüngerin, Hildegard von Bingen (Maria Kräuterweihe, 15. Aug.)
König alt, »Weisser« (weisses Haar und Bart, Duvetine beige/hell): Jünger, alter Zacharias, greiser Simeon (Darstellung im Tempel, 2. Feb.), Schriftgelehrter, Nikolaus (6. Dez.). Empfehlung: Kleid hinten ganz aufschneiden, so kann es leichter ausgezogen werden, z.B. für Nikolaus → braune Unterkleider (Hosen und Ärmel) von Vorteil
König mittel, »Asiate« (dunkles glattes Haar, Duvetine gelbbraun): Jünger, Herodes Antipas (der Johannes gefangen nahm), römischer Soldat (Volkszählung, Pilatus, beim Kreuz, Ritter Martin). Empfehlung: Kleid hinten ganz aufschneiden, so kann es leichter ausgezogen werden, z.B. für Soldatenbekleidung → braune Unterkleider (Lederhose) von Vorteil, Lederwams und Lendenschutz
König jung, »Schwarzer« (schwarzes krauses Haar, Duvetine dunkelbraun): Jünger (Abendmahl, Pfingstfest, ...)
Engel: Gabriel (24. März; → gelblicher Schleier, Attribut: Posaune oder Schriftrolle), Michael (29. Sept.; → orange-roter Schleier, Attribut: Schwert oder Waage), Raphael (24. Okt.; → grünlicher Schleier, Attribut: Heil-Salbendose oder Fisch), Schutzengel (2. Okt.), Lucia (13. Dez. → roter Gürtel, Kerzenkranz)
evtl. Dämon: gefallener Engel (Michaeli 29. Sept), Versucher (Jesus in der Wüste), Bessenheitsgeist (Dämonenaustreibung), Mächte und Gewalten bei der Höllenfahrt Christi (Ostersamstag). Gestaltungsvorschlag: Wangen eingefallen (scharfe Kanten), Duvetine grau; → Kleid schwarz, Attribut: Netz oder Kette

Tipp: Jesuskind, Hirtenkind und Josef sollten die gleiche Haut- und Haarfarbe haben: drei Altersstufen von Jesus.

DANK

Allen, die mich während der intensiven Arbeitsphasen unterstützt haben, möchte ich herzlich danken. Zum Abschluss dieser Buchreihe gilt der Dank ganz besonders dem ganzen Team des rex verlag luzern, das ich immer als sehr kooperativ, wohlwollend und offen erlebt habe: Dies sind in erster Linie meine Lektorin Evelyn Schertler Kaufmann; die Produktionsleiterin Luzia Köppel und bei der Zweitauflage Andrea Fassbind; und die Graphikerin Madeleine Marti. Die Zusammenarbeit mit euch war eine wertvolle Erfahrung für mich. Wie immer möchte ich meinen Dank auch an diejenige Welt richten, an die wir beim Feiern der Jahresfeste immer wieder erinnert werden, unsere geistig-göttliche Heimat.

QUELLENVERZEICHNIS KUNSTBILDER

Seite 17
Werner Tolksdorf
Advent II, 1996
Öllasur auf Leinwand
© Werner Tolksdorf, Louise-Wippern-Ring 33,
DE-31137 Hildesheim

Seite 57
Nikolaus von Myra
Wandmalerei, 16. Jh.
San Bernardo bei Monte Carasso
Photo: Th. Spalinger
© Raffael-Verlag, Stockhornstrasse 5,
CH-3063 Ittigen

Seite 77
Carl Larsson
Lucia (im Falun-Heim)
Aquarell, 1908
Aus: Auf der Sonnenseite, 1910

Seite 91
Anbetung
Fresko, 16. Jh.
S. Maria delle Grazie in Campagna,
Maggia, Schweiz
Photo: Th. Spalinger
© Raffael-Verlag, Stockhornstrasse 5,
CH-3063 Ittigen

Seite 119
Die Hl. Drei Könige
Romanisch, um 1220–1230
Autun, Kapitell aus der Kathedrale
St. Lazare
Photo: Th. Spalinger
© Raffael-Verlag, Stockhornstrasse 5,
CH-3063 Ittigen

Die drei weiteren Bände von Franziska Schneider-Stotzer im rex verlag luzern:

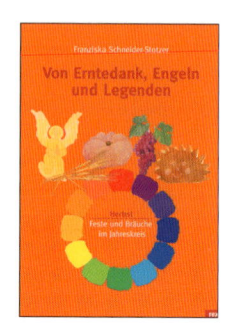

Von Frühlingserwachen, Ostern und Himmelfahrt
Feste und Bräuche im Jahreskreis – Frühling
ISBN 3-7252-0705-4

Mitten im strahlenden Frühlingserwachen erleben wir Fastenzeit und Ostern, die elementare Sinnsuche des Menschen nach den Kostbarkeiten des Lebens, der Frage nach dem Sterben und Auferstehen. Die Autorin erklärt in elf Kapiteln den Sinn und die religiöse Bedeutung der Stationen Winteraustreiben und Frühlingsanfang, Maria Verkündigung, Palmsonntag, Karwoche, Ostern, Nachosterzeit und Himmelfahrt. Das ganzheitliche Erleben der Jahreszeit wird so gepflegt im wahren Wortsinn, als «re-ligio», als Rück-Bindung an den öttlichen Ursprung. Wer mit allen Sinnen, mit Kopf, Herz und Hand den kulturellen und religiösen Wurzeln des Osterfestes nachspüren möchte, findet in diesem Werkbuch eine reiche Palette an Gestaltungsideen.

Von Erntedank, Engeln und Legenden
Feste und Bräuche im Jahreskreis – Herbst
ISBN 3-7252-0689-9

Wer verstehen möchte, was das Fest des Erntedanks, Engelsgedenktage, der Martinstag sowie die lichtvolle Herbstzeit bedeuten und wie diese Ereignisse heute gefeiert werden können, der wird in diesem illustrierten Werkbuch verwöhnt: Leitmotivisch ordnet die Autorin die Feste in Kapiteln chronologisch an, verweist auf Sinnbilder aus Kunst- und Alltagsgeschichte, füllt die Vorbereitungszeit mit gestalterischen Arbeiten, Figuren, Farben, Musik, Gedichten, Spielen, Gebeten, Düften, köstlichen Speisen und Geschenksideen.

Von Pfingsten, Mittsommer, Zwergen und Elfen
Feste und Bräuche im Jahreskreis – Sommer
ISBN 3-7252-0696-1

Dieses Buch führt zuerst in die Geschichte der Sommerfeste ein: Pfingsten, Johanni/Mittsommer sowie Maria Kräuterweihe. Biblische Geschichten, Märchen und Sagen von Zwergen, Elfen und anderen Naturwesen beschreiben das uralte Wissen über das Ineinandergreifen von Erde und Himmel, von Irdisch-Sichtbarem und Himmlisch-Unsichtbarem. Im praktischen Teil stimmt die Autorin mit allen Sinnen auf die Sommerfeste ein und füllt diese mit gestalterischen Arbeiten, Figuren, Farben, Gedichten, Liedern, Spielen, Gebeten, meditativen Bilderreisen, Ritualen, köstlichen Speisen, Kräuterrezepten und Geschenksideen für Familie und Unterricht.

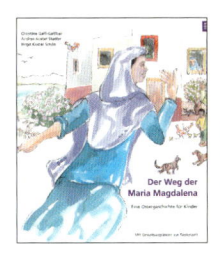

Galli/Koster
Der Weg der Maria Magdalena
Eine Ostergeschichte für Kinder
ISBN 3-7252-0789-5

Das Leben von Maria Magdalena wird in neun Szenen erzählt und illustriert mit farbigen, ganzseitigen Bildern. Diese starke Frauenfigur, die für das Christentum eine zentrale Rolle spielte, kann besonders auch für Mädchen eine Vorbildfunktion übernehmen. Vielfältige praktische Impulse zur Gestaltung der Fasten- und Osterzeit machen das Lesebuch zu einem wertvollen Werkbuch für Familie und Schule.

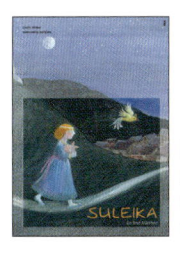

Notter/Helle-Ineichen
Suleika
Ein Brot-Märchen
ISBN 3-7252-0758-5

Das Brotmärchen von der Prinzessin Suleika lässt Kinder die Bedeutung von Brotteilen und Brotessen in der Gemeinschaft erfahren. Ein passendes Geschenkbuch zur Vorbereitung auf die 1. Kommunion und das zentrale Geschehen im Gottesdienst.

Körner
Ajele
40 bewegte Singspiele
ISBN 3-7252-0787-9

Singen und rhythmisches Sprechen begleitet mit Bewegungen, das lieben die Kinder! Ajele ist eine Sammlung von lustigen Singspielen, jedes Lied mit Gitarrengriffen und Noten für die Leadstimme gesetzt. Zum leichten Einüben hilft eine CD von Claudio Brentini, auf der alle Lieder eingespielt sind.

Der kleine Lalu, in eindrücklichen Bildern von Helga Hornung gemalt

Hornung, Helga
Der kleine Lalu
ISBN 3-7252-0680-5

Ein aussergewöhnliches Bilderbuch mit ausdrucksstarken Bildern: Lalu, ein einsames Kind, begegnet dem Mondprinzen. Aus dieser Begegnung schöpft Lalu die Kraft, seine Isolation zu sprengen, die Natur zu entdecken und Freundschaft zu schliessen.

Hornung, Helga
Lalu und die Schöpfung
ISBN 3-7252-0700-3

»Woher kommst du?«, fragte Lalu die Sonne. »Und woher kommen die Sterne? Und woher all die Blumen, Pflanzen und Tiere?«. Weise lächelte die Sonne und sang das uralte Lied der Schöpfung. Die leuchtenden Farben lassen Gross und Klein die Schöpfung nacherleben.

Hornung, Helga
Lalu und sein Engel
ISBN 3-7252-0767-4

Ein Engel? Was ist das? Eine echte Kinderfrage, auf welche das dritte Bilderbuch mit dem kleinen Lalu eine überzeugende Antwort gibt. Die berührenden Bilder der Malerin Helga Hornung und der überzeugende Text vom Theologen Alfred Hartl erzählen, wo Engel wirken, welche positive Kraft in der Natur steckt und wie der kleine Lalu für andere selbst zum Engel wird.

In allen drei Lalu-Büchern ist der Text zusätzlich in Blyss-Symbolen wiedergegeben, ein piktografisches Symbolsystem für nichtsprechende Behinderte. Zu den Büchern gibt es Puzzles und Postkarten. Prospekte sind über den rex verlag luzern erhältlich.